2230자

2230자

제1판 제1쇄 발행일 2019년 6월 20일
제1판 제3쇄 발행일 2020년 3월 21일

글_ 김인국
기획_ 책도둑(박정훈, 박정식, 김민호)
디자인_ 정하연
펴낸이_ 김은지
펴낸곳_ 철수와영희
등록번호_ 제319-2005-42호
주소_ 서울시 마포구 월드컵로 65, 302호(망원동, 양경회관)
전화_ (02)332-0815
팩스_ (02)6091-0815
전자우편_ chulsu815@hanmail.net

ISBN 979-11-88215-25-6 43300

철수와영희 출판사는 '어린이' 철수와 영희, '어른' 철수와 영희에게
도움 되는 책을 펴내기 위해 노력하고 있습니다.

김인국 칼럼집

2230자

철수와영희

뿌린 대로 거둔다

말이란 게 참 힘들고 어렵습니다.

말씨

말에는 씨가 들어 있어서 어디에라도 뿌려지기만 하면 반드시 싹을 틔웁니다. 좋은 싹이든, 언짢은 싹이든. 조심 조심 골라서 써야지 아무 말이나 잡히는 대로 함부로 던져서는 안 됩니다. 후회막급의 불행을 부르게 됩니다.

말씀

가슴에 남는 말을 주고받으려면 되도록 위로부터 받아써야 합니다. 막말은 자신의 품위를 해치고, 망언은 상대의 영혼에 상처를 입힙니다. 막말, 망언이 아니 되려면 어떻게 하면 될까요? 받아서 쓰면 됩니다. '말'은 모름지기 '받아쓰는' 그리고 '받아써야 하는' 물건이라서 말씀이라고 합니다. 내 말은 내가 해야지 어째서 남의 말을 받아써야 하느냐고 하실지 모르겠습니다만 이 땅을 다녀간 많은 성인들은 자기 말을 하지 않았습니다. 예수님은 "나는 내 마음대로 말하지 않고, 나를 보내신 아버지께서 무엇을 어떻게 말하라고 친히 명령하는 대로 말하였다"요한복음 12, 49 라고 했습니다. 자고로 자기 말이 없는 이가 성인입니다.

이따위 소리 말고 저 윗소리

따지고 보면 자기 말을 하는 사람은 없습니다. 자기도 모르는 사이에 누군가의 뜻을 드러내는 경우가 대부분입니다. 가만히 생각해 보면 내가 위에서 타다 쓰는지, 아래에서 받아다 쓰는지 알 수 있습니다. 저 아래 낮은 곳에 속한 사람은 낮은 곳에서 받아쓰기 마련이고, 저 높은 데 속한 사람은 드높은 하늘로부터 받아쓰기 마련입니다. 낮은 데 매여 있으면 밉고 지저분한 말을 뱉을 수밖에 없고, 높은 데 닿아 있으면 곱고 향기로운 말을 건넬 수 있습니다. 그러므로 이따위 그따위 (이 땅 위, 그 땅 위) 소리 말고, 저 윗소리를 듣고 은근히 품었다가 필요할 때마다 꺼내 써야 합니다.

뿌린 대로 거둔다

윗소리를 듣든 아랫소리를 듣든 각자 알아서 할 일입니다. 이래라저래라 해도 소용없습니다. 뿌린 대로 거둘 것입니다. 흙에서 나와서 흙으로 돌아가면 그만이지 하고 믿는 시시한 인생은 먼지로 흩어질 말만 주워섬기다가 사라지고 맙니다. 하지만 영원에서 나왔으므로 영원으로 돌아가는 줄을 아는 인생은 영원히 남는 말씀을 나누려고 애씁니다.

"사람은 자기가 뿌린 것을 거두는 법입니다. 자기의 육에 뿌리는 사람은 육에서 멸망을 거두고, 성령에게 뿌리는 사람은 성령에게서 영원한 생명을 거둘 것입니다. 낙심하지 말고 계속 좋은 일을 합시다. 포기하지 않으면 제때에 수확을 거두게 될 것입니다."갈라티아서 6, 8-9

2230자

여기 신는 서른한 편의 칼럼은 2015년 9월부터 2018년 2월까지 경향신문 토요일판 '사유와 성찰'에 매월 기고했던 매회 2230자 내외의 짧은 글들입니다. 하필 목숨이란 목숨마다 너무나 아프고 슬프게 지내야 했던 그 세월의 신음 같은 것이어서 어차피 고운 말씨, 고운 말씀은 못 될 것입니다. 그래도 언제나 이 땅을 사랑하시고 이 땅의 형편 때문에 자주 끙끙 앓으시는 하느님의 애끓는 심정이 어느 한구석 한 글자에라도 묻어 있으면 좋겠습니다.

2019년 6월

맑고 밝고 순결한 오월 성모성심성당에서 **김인국**

차
례

머리말 : 뿌린 대로 거둔다   ... 4

1부   기억

2015.9.18.~2016.4.16.

덜되고 못된 너, 사람아   ... 15

정력이냐 정신이냐   ... 20

있어야 할 것, 없어야 할 것   ... 25

한상균 그리스도   ... 30

말씀이 간혀서 감옥, 지옥   ... 35

임을 빼앗기고 머리에 재를 얹다   ... 40

져주고 또 져주고 짊어져 주고   ... 45

예수께서 명하시기를 "기억하라. 그리고 행동하라."   ... 50

2부   사람의 땅

2016.5.14.~2016.12.24.

우리 곁에 오신 부처님들, 고맙습니다!   ... 57

성심의 나라, 수심의 나라   ... 62

영국은 엑시트, 한국은 엑소더스   ... 67

백남기와 이건희   ... 72

어째서 그리도 더웠을까   ... 77

이제 하늘이 열리는 개천절은 없다   ... 82

하와야, 하와야 어디에 있니?   ... 87

초 한 자루의 덕성   ... 92

그러므로 크리스마스   ... 97

3부   촛불

2017.1.20.~2017.8.11.

새해 촛불 많이 드십시오   ... 105

일어설 것 일어서고, 자랄 것 자라나는 오늘   ... 110

하와는 퇴장, 마리아는 등장   ... 115

우리가 뽑거나 우리가 뽑히거나   ... 120

흰 뼈들의 환생   ... 125

살구의 현실   ... 130

태극기가 바람에 펄럭입니다   ... 135

불을 가진 가을이 온다   ... 140

4부 　　　　　　새로운 시작

2017.9.16.~2018.2.3.

가을 하늘 공활해도 탁하고 매우니　　　　　... 147

가을의 본분　　　　　　　　　　　　... 152

선생복종　　　　　　　　　　　　　... 157

나오시라, 양심수인 열아홉　　　　　　... 162

'덜 없어서' 더러운　　　　　　　　　... 167

전직 검찰국장의 세례　　　　　　　　... 172

1부

기억

2015.9.18. - 2016.4.16.

덜되고 못된 너,
사람아

사람은 사람끼리 사람에 대한 기대를 주고받는다. 사람이라면 아무리 못해도 이러이러 저러저러하리라는 대략의 믿음 말이다. 잘된 사람을 보면 흐뭇하고 다된 사람을 보면 절로 고개가 숙어지는 것도, 덜된 사람을 보면 안타깝고 못된 사람을 보면 화가 나는 것도 그 때문이다. 그래도 그렇지 남의 서투름과 미련을 통탄하거나 남의 성숙과 완덕에 대해 경탄하다니 좀 이상하지 않은가. 그가 추하거나 아름답거나 도대체 나와 무슨 상관이란 말인가. 아니다. 그렇지 않다. 만일 그 누군가에 대해 속상해하거나 화를 내고 있다면 그것은 제구실을 하지 못하는 자에 대한 실망,

그로 인해 입는 피해 때문만은 아니다. 그보다는 마땅한 품위와 긍지를 드러내지 못하는 인간의 한계를 확인하며 아프게 탄식하는 것이다. 누군가를 떠올리며 절로 숙연해지거나 마음이 훈훈해지는 것도 마찬가지다. 그야말로 다된, 잘된 사람을 통해 인간이란 과연 우리가 아는 인간 그이상의 신비로운 존재라는 점을 새삼 실감하며 감사하는 반응인 것이다.

상점에 가보면 진열대의 상품 앞에 하나하나 품질의 등급을 매기고 그에 따라 가격도 제각각으로 표시해두고 있다. 요즘 같아서는 사람도 그랬으면 좋겠다는 생각이다. 다른 것은 몰라도 자동차마다 붙어 있는 에너지효율 소비등급처럼 이 사람이 얼마만큼 먹고 얼마나 일을 해내는지 그런 딱지만이라도 이마든 뺨이든 어디라도 붙여주었으면 속이 시원할 것 같다. 대대로 무위도식하는 주제에 거저 살아가는 은혜에 고마워하기는커녕 날로 떵떵거리는 세도가 하도 가소로워 하는 말이다. 사람에게 품질과 가격을 표시하자니 좀 그렇지만 이미 인품, 인격이라는 말이 있다. 인품은 인간의 품질, 인격은 인물의 가격이라는 뜻이다. 제

멋대로 사람을 귀하게 혹은 천하게 대하고, 함부로 사람을 높게 혹은 낮게, 무겁게 혹은 가볍게 구분 짓는 자들을 지켜보는 중이다. 좋다. 기왕 그렇게 사람을 차별하고 싶으면 인품이든 인격이든 제대로 따져보자. 틀림없이 첫째가 꼴찌 되고 꼴찌가 첫째 되는 일이 대판 벌어지고 말리라.

어째 세상 돌아가는 꼴이 이렇게 한심하냐는 소리를 자주 듣는다. 동감이다! 하지만 함께 살아서 인간이고, 함께 살아야 할 인생이니 싱겁고 모자란 놈들 탓만 할 수 없다. 때로 혼내주기도 하고 얼차려라도 시키면서 앞에서 잡아끌고 뒤에서 밀고 해야 한다. '혼내기'와 '얼차려'는 결코 화풀이나 앙갚음이 아니다. 혼내는 일은 나의 뜨거운 혼을 덜어서 내어주는 신성한 봉헌이다. 욕망만 이글거릴 뿐 차갑고 어두워진 영혼의 등잔에 내 기름을 보태주면서 꺾인 심지를 바로 세워주는 일 그것이 혼내주는 일이다. 얼차려도 마찬가지다. 곡간은 그득하다만 얼은 텅 비어 있는 비루한 자들에게 나의 맑고 시원한 얼을 아낌없이 덜어내서 한 상 푸짐하게 차려주는 일, 그것이 얼차려다. 얼이 썩어 어리석어진 저 가련한 처지를 차마 외면하지 못하고 손 내

미는 일이 얼차려란 말이다. 우리는 모두 지칠 대로 지쳤지만 덜되고 못된, 그래서 불쌍한 놈들을 혼내는 일은 멈출 수 없다. 가만두면 돌이킬 수 없이 나빠질 테니 말이다. 기운을 내자. 자고로 혼내주는 일은 호의호식, 희희낙락하는 자들이 아니라 밤낮 궂은일을 도맡는 밑바닥 성자들의 사명이었다.

덜떨어진 자들의 줄기찬 패악에 경악하고 망연자실하다 보면 투지는 사라지고 무기력해지기 마련이다. 좋아질 세상이 아니라고 슬그머니 물러나 앉은 이들을 알고 있다. 좋아졌으면 벌써 좋아졌지 하는 소리도 사실 억지는 아니다. 다 좋다. 그러나 그렇게 돌아서고 나면 여전히 들끓는 기운을 어디에다 쓸 것인가. 사랑 말고 또 어디에다 우리의 사랑을 쏟겠다는 말인가. 아무리 잘라내도 또 다른 머리를 들고 나타나는 독재가 지겹기도 할 것이다. 번번이 당하면서도 배신을 안기는 민심이 야속하기도 할 것이다. 하지만 "이 세상에 대적大敵이 없으면 진보가 없어요. 오죽 못생겨야 대적이 없습니까?"라는 말에 귀를 기울여보라. 상대가 큰 적이라면 그것은 우리가 크기 때문이라는 이 말씀은 다

된 사람, 잘된 사람의 표상 다석 류영모 선생의 입에서 나
왔다. 이런 말씀도 남겼다. "우리가 있는 동안에 몸을 가졌
으면 서로 도와야 해요. 몸이란 순전히 남의 도움을 받아
이렇게 생긴 것이니까요." 순국으로 의를 일으킨 4·19 혁
명의 희생자들을 두고 한 말이었는데 이게 어디 옛날만의
이야기이랴. 사람이 사람에게 어쩌면 그럴 수 있느냐며 혼
을 내주느라 쌍용차 김득중이 오늘 아침 단식 이십 일째를
맞는다.*

의를 도탑게 하는 돈의敦義의 계절, 가을이다. 사람 때문
에 상처 입고 세상에 절망하는 이들을 위해 기도하자. 미
워할 것을 미워하고 사랑할 것을 사랑하는 그 마음만은 변
치 않으시기를. 잠시 쉬어가도 좋다. 모든 사물로부터 해
방되는 주말, 부디 평안하시기를!

___2015. 9. 18.

* 이날의 단식은 45일 만에 끝났다. 그러나 해고자 전원 복직은 이루어지지 않았고 금속노조 쌍용
  차 지부장 김득중은 2018년까지 무려 네 번의 단식 투쟁을 해야 했다.

정력이냐 정신이냐

여섯 살에 어머니를 잃었는데 열아홉에 아버지마저 세상을 떠나자 그만 고삐 풀린 망아지가 된 사람이 있었다. 사람을 개 패듯 패고 다녔다. 망치라는 별명은 장터와 뒷골목을 휩쓸던 주먹의 우악스러움을 짐작게 해준다. 그랬던 그가 훗날 나환자들의 정다운 아버지가 되었다. 어찌된 일일까? "형은 사람 패는 게 그렇게 재미있어?" 어린 동생이 툭 던진 이 한마디에 마음을 돌이켰다고 한다. 행실은 모질었지만 가슴 깊은 곳에는 여리고 부드러운 무엇이살아 있었나 보다.

　　　　　　　　　　　　김인국 칼럼집

억센 손이라도 가만히 만져보면 따뜻하다. 밖에서는 몰라도 집에서는 틀림없이 누군가를 어루만지는 살가운 손이다. 통진당통합진보당 해산부터 한국사 교과서 국정화까지 무엇이나 거침없이 밀어붙이는 주먹에도 분명코 붉은 피는 돌 테다. 이 모든 게 '비정상의 정상화'를 위한 충정이니 놀라지 말고 의심도 걱정도 말라 한다. 하지만 불안하고 무섭다. 노사정이 합의한 노동 개혁안이라고 했다. 정부와 여당은 옥동자의 탄생처럼 반겼다. 이로써 막혔던 취업 시장에 숨통이 트였고 경기 활성화도 기대할 수 있게 되었다며 나팔을 불었다.* 놀랍게도 시중의 반응은 담담했다. 해고는 멋대로, 임금은 맘대로, 비정규직은 고무줄처럼 쭉쭉 늘이겠다는데도 잠잠했다. 노동계의 반대도 들끓다 말았다. 민란이라도 일어나야 할 판인데 대한민국이 어째 이상하다. 주먹의 위선에 질리고 주먹의 위력에 기겁했는지 모른다. 아니면 너희들 하는 짓이 오죽하겠느냐, 일단 갈 데까지 가봐라, 계산일랑 잠시 미루겠다는 심정일까. 그렇다면 덫인가? 대중의 묵묵부답에 불안해졌는지 집권자는 아예 전쟁을 선포해버렸다. 어디 대들 테면 대들어 보라는 식으로 말이다.

* 2015년 9월 노사정 대표가 노동 시장 구조 개선안에 합의하자 이듬해 박근혜 정부는 야당과 노동계의 반대에도 쉬운 해고와 취업규칙 요건 완화를 골자로 하는 행정 지침을 밀어붙인다. 그러나 문재인 정부 출범 후 2017년 9월 25일 '일반 해고 지침'과 '취업 규칙 해석 및 운영에 관한 지침'이 폐기되면서 사실상 성과 없이 끝난다.

"국론 분열을 막기 위해서는 오직 단 하나의 역사가 필요하다." "어서 아이들의 교과서에서 악마의 발톱을 뽑아내자"고 안달을 부린다. 우습다. 그게 미래 세대의 눈동자에 바늘 하나를 찔러 넣는 무서운 짓임을 누가 모르랴. 공장이 조용해지는 주말에도 교육부 시계는 째깍째깍 부지런히 돈다. 국정화의 숙원은 착착 진행되고 있다. 내후년에는 이상한 한국사가 불쑥 얼굴을 내밀 것이다. 뭐든지 하고 싶은 대로 다 하고 사는 양반들은 좋기도 하겠다. 그런데 그러고 사는 게 정말 좋을까? 하지만 세상의 맛이라는 게 지나고 보면 그때뿐이다. 더군다나 대통령 일인의 하명으로 개시된 영업이 가면 얼마나 가랴. 지금은 문전성시라도 서리 한 번 내리면 우수수 떨어지고 만다. 오늘이 마침 상강이다. 반면 스스로 떨치고 일어난 돌들의 외침은 삭풍이 분다고 사그라지는 법이 없으니, 다 이긴 싸움이라도 부디 조심하기를 바란다.*

사람과 짐승의 차이는 아주 작다. 맹자의 말이다. "새나 짐승과 다른 점은 아주 작다. (아주 작은 것을) 여느 사람들은 버렸는데 참사람은 간직한다." 人之所以異於禽獸者 幾希 庶民去之

---

* 2015년 10월 13일 박근혜 전 대통령은 청와대 수석회의에서 "국론 분열을 일으키기보다는 올바른 역사 교육 정상화를 이루어서 국민 통합의 계기가 될 수 있도록 함께 노력해주시면 감사하겠다"고 언급한다. 여기에 호응이라도 하듯 보름 후인 29일 당시 여당 대표인 김무성은 역사 교과서 국정화에 반대하는 야권에 대해 "나라를 망치는 악마의 발톱"이라고 비난한다. 논란 끝에 국정 교과서는 2017년 5월 31일 공식적으로 폐지된다.

김인국 칼럼집

君子存之 어떤 의미에서는 사람이 금수보다 못한 짐승이다. 오죽했으면 개만도 못하다고 하겠는가. 사람의 사람됨은 어디에다 힘을 쓰느냐에 달렸다. 힘을 표현하는 아주 오래된 말이 있다. 바로 정精이다. 쌀米을 먹어서 얻는 푸른靑 기운이 정이다. 성경에 귀한 임을 사랑하려면 마음, 목숨, 뜻을 다해야 한다고 나오는데 정이란 모름지기 이 셋을 위해 쓰일 기름이다. 한편 정은 순전히 남에게 빚져서 얻은 것이다. 스스로 달리는 기관차가 없듯이 정은 그 누군가를 태워야만 구할 수 있는 기운이다. 그렇다면 사람의 정은 누구에게 바칠 정인가? 신과 합일하여 신에게 드려야 한다. 그래야 정신精神이 된다. 여기서 말하는 신이 예수의 임이나 석가의 임이 아니라도 좋다. 지금의 나를 있게 만든 궁극적인 뿌리라고 알아들으면 족하다. 내 정을 바칠 신이 어디에 있는지 묻고 다닐 필요도 없다. 인류의 경전들은 공통적으로 병들고 가난한 사람들을 하늘과 동일시하고 있다. 추원보본* 그리고 남에게 되돌려준다는 자세로 쓰기만 하면 정은 언제나 정신으로 승화된다. 물론 저와 자기 가족만을 위해서 쏟으면 부질없는 정력精力으로 변질되고 만다.

* 자기가 태어난 근본을 잊지 않고 은혜를 갚음.

오늘도 어김없이 아침상을 받았다. 몸 지탱하자면 어쩔 수 없다지만 남의 생명을 불러다 치르는 번제이니 죄스럽고 황송하다. 덧없는 정을 흘리기 위해서가 아니라 정신 차리기 위한 약으로 삼겠노라며 수저를 든다. 그게 아니라면 내가 뿌려서 내가 거둔 알곡이라도 입에 넣을 명분이 없다. 철없을 때는 사람 패던 주먹이었다가 어린 동생이 내려치는 죽비 한 대에 번쩍 정신이 들고 나서부터 평생 남의 더러움을 닦아주는 손이 된 사람. 그는 광주 사람, 오방 최흥종[1880-1966] 목사다.

___2015. 10. 23.

있어야 할 것,
없어야 할 것

아이들을 얼마나 가르쳐야 할까? 사람 구실 하는 데는 그다지 많은 배움이 필요할 것 같지 않다. 있다/ 없다, 좋다/ 나쁘다, 맞다/ 틀리다, 깨끗하다/ 더럽다, 이 정도만 알아도 모자람이 없다. 여태껏 살아보니 삶의 이치는 '있다/ 없다'의 이진법에 달려 있었다. 예를 들어 ① 좋다와 나쁘다. 어떤 게 좋고, 무엇이 나쁜 것인가. 있을 게 있어야 좋다. 없을 게 없어야 좋다. 있어야 할 게 없으면 탈이 난다. 없어야 하는데 있어도 또한 문제다. ② 맞다와 틀리다. 있는 것을 있다고, 없는 것을 없다고 하면 참이다. 있는데도 없다 하거나 없는데 있다고 하면 거짓이다. ③ 깨끗하다와 더럽다. 깨끗한 것은 무엇이고, 더러운 것은 무엇인가. 없어야 하는 것을 다 치워 없애면 깨끗하다. 치우지 않았거나 치우다 말면 더럽다. 사람답게 사는 비결은 이렇게 단순하다. 있다와 없다를 알고, 있어야 할 것과 없어져야 할 것을 바로 알아 그대로만 처신하면 탈도 없고 걱정도 없다. 다음은 천하태평을 누리는 비결 세 가지.

첫째, 있어야 할 게 있어야 좋고, 없어야 할 게 없어야 좋다고 했다. 그렇다면 가져야 할 것은 반드시 가져야 한다. 빼앗겨도 안 되고, 양보해도 안 되며, 빌리려고 해서도 안 된다. 이와 아울러 없어야 하는 것은 절대로 갖지 말아야 하고, 갖지 말아야 할 것은 냉큼 쫓아버려야 한다. 있어도 그만, 없어도 그만인 것 역시 내보내는 게 좋다. 약으로 쓸 때가 있겠지 하고 곁에 두다 보면 태산만 한 개똥이 쌓이고 만다. 필요한 것을 필요한 만큼 들이는 간결한 삶이 좋다. 가질 것을 갖지 못하거나 없어야 할 것을 줄줄 매달고 살면 불쌍하고 초라해진다.

둘째, 있는 것은 있다고, 없는 것은 없다고 짤막하게 말하면 틀림이 없다. 그와 반대로 있는 것을 없다 하고, 없는 것을 있다고 하면 큰일이 난다. 구차하게시리 "있는 것 같다"거나 "없는 것 같다"고 하면서 말끝을 흐리는 일도 금물이다. 그게 쿠데타였는지 구국의 결단이었는지 분명하게 말해야 한다. "예" 할 것은 "예" 하고, "아니요" 할 것은 "아니요"라고만 하면 헛발 딛는 일이 없고, 꿀리거나 눌릴 일도 없다.* 참말은 사람을 살리고 세상을 살린다. 거짓말은 자기도 죽이고 남도 죽인다. 그런데 된장이라는 것인지 똥이라는 것인지 우물쭈물 얼버무리는 말도 사람을 망치고 세상을 해치기는 마찬가지다.

셋째, 풍진 세상일수록 깨끗하게 살아야 한다. 오탁악세** 가운데서도 청풍명월을 잊지 말아야 한다. 있을 것만 있으면 푸를 청靑, 치울 것을 다 치웠으면 맑을 청淸이다. 치우지 않았거나 치우다 말았으면 흐릴 탁濁이다. 본래 더러움이란 다 없어야 할 것이 '덜 없는' 상태를 말하는 것이니 치우려면 다 치워야지 조금이라도 남기면 덜 없고 더러운 것이 된다. 질척질척해도 안 되고 구질구질해도 안 된다. 다른 말은 몰라도 더럽다는 소리만은 듣지 말아

---

* 2013년 인사 청문회 당시 후보자들은 5·16 쿠데타(군사 정변)에 대해 "답변이 어렵다"(유정복 안전행정부 장관 후보자), "그 문제에 직답을 못 드리는 이유를 이해해 달라"(서남수 교육부 장관 후보자), "역사적인 문제에 대해 판단을 할 만큼 공부가 돼 있지 않다"(조윤선 여성가족부 장관 후보자) 등과 같이 대답한다.
** 다섯 가지 더러움으로 가득 찬 죄악의 세상. 말세(末世)를 달리 이르는 말.

야 한다. 짐승이나 다름없다는 치욕스러운 판결이니 말이다. 한편 깨끗하다는 말에는 '깨고 끝냈다'는 뜻도 들어 있다. 깨뜨릴 것을 깨버리고, 끝낼 것을 끝내면 비 갠 하늘처럼 맑아지고 깨끗해진다.

지킬 것 지켜서/ 가져야 할 것을 가져야만/ 이룰 것을 이룰 수 있느니라 하시던 어느 어른의 지당한 말씀이 문득 떠올라 하나 마나 한 이야기를 늘어놓았다. 옛 경전들은 하나같이 사람은 태어날 때 늘 지키고 늘 지녀야 하는 그 '하나'를 받아 이 땅에 나왔다고 말한다. 불성이든 성령이든 어떤 이름으로 부르든 간에 그것은 사람을 참되게 해주는 신성의 불꽃, 생명의 정수이다. 시련의 겨울이 닥쳐도 그것만 간직하고 있으면 기어코 봄을 맞는다. 그것을 잊거나 그래서 잃어버리면 봄이 와도 뿌릴 씨가 없게 된다.

그래서 그런지 계절이 수상하다. 며칠 전 시골 사람이 모처럼 서울 남산 아래서 하룻밤을 묵었는데 어찌나 모기들이 물어뜯는지 밤새 괴로웠다. 모레가 소설小雪인데 진즉에 없어져야 했을 물것들이 여전히 기승부리는 꼴을 보고 있으려니 기가 막혔다. 아니나 다를까 죄 없는 농민 한 분을 직사 물대포로 다 죽게 만들어놓고는 그 책임을 시위대에 돌리는 잡소리가 요란하다. 이러다가 "탁하고 쳤더니 억하고 죽더라"는 말이 되돌아올 판이다. 때가 된 모양이다. 치울 것 치우고 없앨 것 없애느라 사람이란 사람마다 거리로 쏟아졌던, 그해 유월로 돌아가자. 11월 단비로 바닥을 드러냈던 강이 다시 흐르기 시작했다니 우리도 모이자. 될 때까지 모이자.*

___2015. 11. 20.

* 2015년 11월 '민중 총궐기 투쟁 대회'에 참석했다가 경찰이 쏜 물대포에 맞아 의식을 잃고 쓰러진 백남기 농민은 이듬해 2016년 9월 25일 결국 사망에 이른다. 서울대병원이 사인을 '병사'로 기재하고 경찰청장이 "불법 집회로 변질시킨 책임은 시위대에 있다"며 책임을 회피하면서 거센 반발을 불러일으킨다. 이후 국정 농단 사태로 박근혜 정부가 물러나면서 경찰청장이 공식적으로 사과하고 경찰청 인권침해사건 진상조사위에서 경찰의 과잉 진입이 원인이라고 결론 내린다.

한상균 그리스도

혹시 비위에 거슬리는 제목이었다면 사과드린다. 그런데 예수가 어떻게 살다 간 인물이었는지 알고 나면 되레 그이가 화를 낼 게 틀림없다. 그리스도 예수는 태어나는 순간부터 1급 지명 수배자였으니 말이다.

"기쁘다, 구주 오셨네. 만백성 맞으라!" 지금은 이렇게 흥얼거리기라도 하지만 그가 태어나던 날의 상황은 전혀 달랐다. 들판에서 노숙하던 목동들과 먼 나라에서 찾아온 여행자 몇몇이 달려가 반겨주었을 뿐 세상은 드러내놓고 박대했다. 아무도 문을 열어주지 않는 바람에 그의 어미는 마구간에서 몸을 풀어야 했다. 그가 태어난다는 소리에 수도 서울은 온통 술렁였고, 그가 태어났다는 소식에 통치자는 군대를 움직였다. 아기를 없애는 데 실패하자 근방 두 살 이하의 사내아이들을 모조리 도륙해버리는 포괄적 거점 타격을 감행했다. 전국민주노동조합총연맹 위원장 한상균이 이 정도는 아니잖은가.

예수는 가까스로 목숨을 건졌다. 하지만 머리 둘 곳조차 없이 떠돌며 천대를 받았다. 위정자들은 호시탐탐 그의 목숨을 노렸다. 그에게 몰려들던 가난한 사람들이 방패가 돼주기도 했지만 막판에는 제자들마저 떠나고 혼자 남는다. 체포에 성공했다는 소식을 듣고 부리나케 달려온 자가 있었다. 장차 임금이 될 아기라며 사냥개들을 풀었던 폭군의 아들, 헤로데 안티파스. 아비가 노리던 사냥감을 손에 넣게 된 자식은 헤벌쭉거렸다. 하지만 가만히 앉아서 전리품을 챙긴 쪽은 따로 있었다. 제국 로마는 자신이 고안해낸 가장 끔찍한 방식으로 숨통을 끊어버렸다. 그러고는 큰 바위로 무덤을 찍어 눌렀다. 그래도 불안했는지 무장 군인들을 시켜 죽은 자를 감시하게 하였다. 쌍용차 해고 노동자

한상균은 아직 이런 소요를 일으키지 못했다.

그런데 수상하잖은가. 화염병은커녕 술잔 하나 깨뜨린 적 없는 순한 사람을 날 때부터 지독하게 미워하다 사형장의 이슬로 끝장내버린 심사도 그렇지만 그토록 모질게 대해놓고 다시 오라고 하는 건 또 무엇인가? 워낙 놀라고 진절머리가 나서 돌아보지도 않으리라 짐작한다만 정말 돌아오기라도 하면 어쩔 셈인가? 다시 오시라는 그 말이 진심이라 믿고 묻는다. 그러면 그가 흉악범처럼 압송되던 날 카메라를 들이대고 바짝 쫓으며 "남 걱정 말고 네 목숨이나 건져보아라!" 악악거리고 조롱하던 중계 차량들을 앞으로는 어쩔 텐가. 다시는 이따위 소란이 생기지 않도록 "당장 십자가에 못 박으라!" 엄숙하게 휘갈기던 문장들과 따따부따 찧고 까불던 목소리들은 또 어떻게 처분하려는가. 그날의 조롱과 모독을 뉘우치지 않았다면 부디 돌아오시라는 빈말은 그만두어야 한다. 사람의 얼굴이 아무리 두껍더라도 이런 식의 안면 몰수는 무섭다. 사람이 할 짓이 아니다.

김인국 칼럼집

"이 땅의 맑은 풀잎"이었던 예수가 졸지에 "허리에 도끼 날이 박힌 상처받은 소나무"가 되고 마침내 "별자리에서 쫓겨난 착한 별"^{도종환} 신세가 될 수밖에 없었던 이유는 단 하나. 하늘에 있어야 할 하늘나라를 땅에 세우려고 했기 때문이다. 세상에는 세속의 법도가 엄연한데 하늘의 뜻을 펼치자고 떠들어댔으니 잘난 놈들이 보기에는 가소로웠을 것이다. 생전의 예수에게 쏟아졌던 숱한 비난 가운데 가장 점잖았으면서 정곡을 찔렀던 발언은 "하늘에서 오신 분이 어째서 우리를 간섭하려 드십니까?"였다. 악령의 입에서 나온 대사였다. 하늘이 보낸 아기가 얼마나 위험한 존재인 지는 일찌감치 그 어머니가 예고했던 바다. "주님께서는 통치자들을 왕좌에서 끌어내리시며 천한 이들을 들어 높 이신다. 굶주린 이들을 좋은 것으로 배 불리시고 부유한 자들을 빈손으로 내치신다."^{루카복음 1. 52-53} 대대로 특권을 누리는 복된 자에게는 그다지 유쾌한 소리가 아니다. 성경 의 말씀을 이루자면 억강부약抑強扶弱이 우선이고 필수인데 노동자들이 더 죽어야 경제가 살아난다고 믿는 자들로서 는 도저히 받아들일 수 없는 이야기이다. 외람되게도 한평 생 동정을 지키며 살아가는 가톨릭교회의 수도자와 사제들은 매일 황혼 무렵이면 어김없이 마리아의 이 노래를 부르며 한없는 기쁨에 젖어든다.

그리스도교가 하필 가난하고 핍박받는 사람들 가운데 태어난 한 아기를 하느님의 아들로 높이 받드는 이유는 아무리 볼품없는 사람이라도 함부로 대할 수 없는 신성을 지닌다는 사실을 말하기 위해서다. 그래서 성탄의 아기가 묻는다. 본시동근생本是同根生 상전하태급相煎何太急, 너희는 본래 한 뿌리에서 나왔는데 어째서 뜨겁게 서로 지져대느냐? 농민 백남기는 때려눕히고, 노동자 한상균은 꽁꽁 묶어 가둬놓고는* 그래도 변함없이 고요한 밤, 거룩한 밤이라니 우리는 지금 단단히 미쳤다.

___2015. 12. 19.

* 2015년 11월 14일 민중 총궐기 대회에서 폭력 시위를 주도한 혐의로 구속 기소된 한상균 전 민주노총 위원장은 2018년 5월 21일 형기 6개월을 남기고 가석방된다.

김인국 칼럼집

말씀이 갇혀서 감옥,
지옥

　평생 땅만 파먹고 사신 어머니가 대처로 나가 배울 만큼 배웠다는 딸에게 "쌀도 못 되고 보리도 못 되는 글로 말로 먹고산다니 그것참 우습구나!" 하며 혀를 차시더란다. 옛날 노인이 보시기에 일 같은 일로 먹고사는 인구가 오늘날 얼마나 남았으려나. 곰곰 경전의 문자 속을 읽고, 오늘을 위한 뜻으로 풀어서 말해야 하는 종교인도 별로 떳떳하지 못하다. 쌀도 보리도 못 되는 말과 글 따위로 사는 게 미안하다면 말 한마디, 글 한 토막이라도 밥이 되고 옷이 되게 해야 마땅하다.

그렇기는 한데 종교인이라면 되도록 사회적 발언을 삼가는 게 신상에 이롭다. 아예 현실과 거리를 두고 지내는 것도 그다지 나쁜 선택은 아니다. 여름에 수재 의연금, 겨울에 연말 성금 이렇게 두어 번의 성의만 표시해도 사람 점잖다는 소리를 들을 수 있다. 자고로 종교인이라면 그 정도를 넘어서지 말아야 한다고 확신하는 자들이 다르게 생각하는 이들보다 훨씬 많기 때문이다. 더군다나 아무리 지당한 말씀이라도 누군가는 서운하게 만드는 이치를 감안하면, 어떤 일이 벌어져도 상관 않겠다는 오불관언이 상책이다.

원주 사람 장일순[1928-1994]의 일화다. 시골 아낙이 딸 혼수 비용으로 모아둔 거금을 기차에서 몽땅 소매치기 당했다며 찾아와 울고불고 매달렸다. 선생은 딱하게 된 여인을 돌려보내고 원주역으로 갔다. 소주를 놓고 노점상들과 마음을 텄다. 그러기를 사나흘 하고 났더니 돈 훔친 작자를 찾아낼 수 있었다. 그를 달래서 도로 받아냈다. 선생은 그 후로 가끔 역에 가서 그 소매치기에게 밥과 술을 사주시며 이렇게 말하곤 했다. "미안하네. 내가 자네 영업을 방해했어. 한 잔 받고 용서하시게나…." 쓴 소주 한 잔을 받고 막대한 영업 손실을 감수해야 했던 소매치기의 심정이 궁금하다. 그런데 한 번으로 그쳤기에 망정이지 사사건건 그래서는 안 되느니라 간섭하고 나섰다면 천하의 장 선생님이라도 별수 없었을 것이다.

입으로만 사랑 타령 자비 타령이지 어째서 현실을 외면하느냐는 꾸지람을 흔히 듣는다만 종교계라고 고충이 없지 않다. 2011년 3월 한국천주교회 주교회의가 "4대강 사업이 우리나라 전역의 자연환경에 치명적인 손상을 입힐 것으로 심각하게 우려"하여 정부의 야심 찬 프로젝트를 반대하고 나선 적이 있다. 당시 불교계도 "우리 땅에 대한 무례이고 모독"이니 "지켜보고만 있다가는 우리 모두 씻을 수 없는 범죄자가 될 것"^{법정 스님}이라며 행동에 나설 것을 촉구했다. 제정신 가진 사람이라면 누구라도 해야 할 당연한 말씀이었다. 하지만 교회 안팎의 반발이 만만치 않았다. 일간지 제1면에 광고를 낼 만큼 재력을 갖춘 신도들은 "성당에 나가기가 무섭다"면서 엄포를 놓았고*, 그런 광고를 덥석 문 신문지들은 "토목 전문가도 아닌 주교들이 무슨

---

* 2010년 3월 25–26일 조선일보, 중앙일보, 동아일보, 문화일보에 '성당에 가서 미사 드리기가 무섭습니다' 라는 제목의 광고가 게재된다. 이를 주도한 '뜻있는 평신도 모임' 은 이전부터 용산 참사와 노무현 대통령 서거 등 주요 현안에 대해 정부를 옹호하는 성명을 발표하지만 실체는 알려져 있지 않다.

근거로 치명적 자연 손상을 운운하는가"* 하면서 한껏 꾸짖고 빈정거렸다.

　주교들은 당황했다. 평소 이런 푸대접을 받아본 적도 없거니와 "닥치고 일치"를 강조해온 지도자들은 무엇보다 교회의 분열을 염려하지 않을 수 없었다. 보다 못한 추기경이 파괴적 개발은 반대하나 발전적 개발은 찬성한다는 요지로 봉합을 시도했다. 하지만 이제 그만 물러나시라는 타박만 듣고 끝났다. 만신창이가 된 4대강만큼은 아니지만 교회도 깊은 상처를 입었다. 그것 봐라, 공연히 쓸데없는 소리를 해서 분란만 일으키지 않았느냐는 비난이 힘을 얻기 시작했다. 모처럼 세상의 아픔에 공명했던 주교회의는 위축되었다. 이듬해 봄 후쿠시마 원전 대폭발 1주년을 맞아 "정부의 핵 발전 확대 정책에 반대하는 입장을 발표하는 문제"를 주요 안건으로 채택해놓고는 아무 결정문도 내지 못한 채 폐막했다. 탈핵 선언이 자칫 4대강 반대의 경우처럼 자중지란을 일으킬까 봐 조심스러웠을 테고 총선을 앞둔 시점이라서 더욱 그랬을 것이다.

* '김진의 시시각각' 중앙일보 2010년 3월 29일.

어쨌거나 말과 글로 연명하는 자들이 이러지도 저러지도 못하는 사이에 이 나라는 지옥 조선이 되고 말았다. 이제 어디에다 대고 "보아라, 하느님 나라가 다가왔구나!"를 외쳐야 할지 모르겠다. 설교자의 직무란 본시 "이러다가는 망하고 말리라!"면서 사회의 안일과 교만을 일깨우는 것이다. 하지만 이번 생은 망했다고 믿는 젊은이들이 절반에 육박하고 있으니 그럴 일도 별로 없겠다. 오늘날 한국 교회의 주축은 철없는 너희가 몰라서 그렇지 이만하면 너끈히 '새 누리'라고 믿는 노인들이다. 그 앞에서 내일은 또 무슨 말을 꺼내야 할지 고민하고 있다. 사나운 승냥이 두 마리가 양쪽에서 으르렁거리는 통에 할 말 못 하고 끙끙거리는 형세를 그린 글자가 있다. 바로 감옥 옥獄이다. 말씀이 처한 그런 사회적 형편을 일컬어 지옥地獄이라 한다.

___2016. 1. 15.

임을 빼앗기고
머리에 재를 얹다

이 땅에는 부처를 임으로 모시는 이들도 많고, 예수를 임으로 모시는 이들도 적지 않다. 꼭 부처, 예수가 아니더라도 높이 우러르고 싶은 대상을 우리는 임이라 부른다. 임에는 여러 의미가 있겠는데 물동이나 함지 따위를 머리에 이고 간다고 할 때의 '이다'라는 뜻도 들어 있다. 사모하는 정이 얼마나 사무쳤으면 언제나 이고 다니고픈 '임'이라 했을까! 그러므로 아무나 임이라고 부를 수 없으며, 함부로 임이라는 소리를 들어서도 안 된다. 한 번이라도 임이라는 소리를 들었으면 그 무거운 이름에 걸맞은 신중한 처신으로 보답해야 하고, 그럴 맘이 없으면 아예 '임'자를 떼고 불러달라고 해야 도리에 맞는다.

생각만 해도 절로 서럽고 눈물겨운 당신의 임은 누구인지 묻고 싶다. 그 임은 지금 안녕하실까? 부처님은 여든의 천수를 누리신 다음 복되고 평화롭게 열반에 드셨다. 그런데 예수님은 겨우 서른셋에 국사범*으로 몰려 십자가 위에서 끔찍한 최후를 맞으셨다. 불자들에게 부처님은 고이 보내드린 임이지만, 기독자들에게 예수님은 원통하게 빼앗긴 임이다. 그래서 해마다 봄이 되면 임이 종생하신 그날을 무심히 맞이할 수가 없으니 장장 40일간 애통절통해하며 끙끙 앓는다. 이때를 사십 일의 수행 절기라고 해서 사순절이라 한다. 설 연휴의 끄트머리였던 엊그제 수요일이 사순절을 시작하는 날이었다.

외람되게도 특정 종교 이야기를 늘어놓는 것은 부디 이 땅의 그리스도인들이 건성으로 사순절을 흘려보내지 않기를 바라서이지만, 그보다는 목숨 내놓고 지켜야 할 소중한 가치와 자산들을 맥없이 강탈당하는 오늘의 현실이 걱정스럽기 때문이다. 기왕 결례를 무릅썼으니 조금 더 말씀드

* 국가 권력에 대항한 죄를 지은 사람.

리런다. 우리 모두 비상한 각오로 격랑에 휩싸인 나라 안 팎을 돌아보자. 잠시라도 일상을 멈춰 세우고 크고 깊은 눈으로 전체를 바라보는 시간이 절실해졌다. 사순절을 지내는 그리스도인이라면 뜨거운 신앙 열정에 가려 평소 주목하지 못하던 임의 사망에 대해 차분하게 생각해보시기 바란다.

예수의 불쌍한 죽음은 권력자들이 인류 공동체를 상대로 저질러온 추악한 범죄의 전형이다. 그러므로 군이 그리스도인이 아니더라도 그렇게 착했던 사람을 죽음의 벼랑으로 몰고 갔던 음모를 오늘의 시각으로 분석하면서 같은 짓을 되풀이하고 있는 혼군*과 간신들의 악행을 미워하고 분노할 줄 알아야 한다.

그런데 가까운 그리스도인이 있으면 붙들고 한 번 물어보라. 당신의 임은 왜 그리도 불쌍하게 죽은 거요? 시원한 대답을 듣기가 쉽지 않을 것이다. 믿는 자들이라 하더라도 죄 사함을 위한 대속**이니, 구원을 위한 보혈***이니 하는 복잡한 해석 속에서 허우적거리느라 같은 사람의 하얀 손

* 사리에 어둡고 어리석은 임금.
** 남의 죄를 대신 받음.
*** 예수가 흘린 피.

목을 그어버린 끔찍한 일에 대해서는 별로 생각하지 않는다. 신앙인들부터 십자가가 이기심과 탐욕을 포기할 줄 모르는 자들이 빚어낸 비극이라는 사실에 주목하지 않다 보니, 그럭저럭 예수의 죽음은 죄 많은 인류를 위해 스스로 제물이 된 눈물겨운 사랑으로 변주되고 말았다. 그새 범죄는 미화되고, 악의 장본인들은 어둠 속에 정체를 숨겼으니 이것은 누구의 간계였을까?

자고로 사순절은 빼앗긴 자들은 어째서 빼앗겼으며, 빼앗던 자들은 어떻게 빼앗아 갔는지 뼈아프게 묻고 답하는 시간이어야 한다. 빼앗겼던 자들은 지금도 빼앗기고 있으며, 빼앗던 자들은 오늘도 빼앗고 있다. 어제에 이어 오늘도 태연히 벌어지는 이 어처구니없는 비극을 어찌할 텐가. 뾰족한 수가 없거든 끙끙 앓기라도 해야 한다. 원통하니 앓고, 분통하니 앓고, 절통하고 애통하니 앓아눕자. 그렇게 앓고 앓다 보면 불현듯 알아지는 소식이 없지 않겠지만, 앓지도 못하는 자에게는 털끝만 한 앎도 허락되지 않는다.

시인은 "빈 대지에 불현듯 꽃눈이 터질 때/ 작은 것에도 감동할 시간을 위해/ 2월은 심심하고 고요한 달"^{박노해}이라고 했지만 지금 형편은 심심하지도 고요하지도 못하다. 사순절이 시작되던 그날 오후 다섯 시, 정부는 개성공단 가동을 전면 중단한다고 발표했다.*

북으로 가는 돈줄을 끊어야겠다면서 통일의 동맥을 절단해버린 것이다. 대체 어디로 가자는 것일까? 우리는 시시각각 탈탈 털리고 있다. 사순절을 시작하면서 그리스도인들은 머리에 재를 얹기도 한다. 이제 나는 없다. 나는 죽었다. 흙에서 와서 흙으로 돌아가고 말았다는 참담한 선언이다. 번번이 지켜 드리지 못하는 임을 생각하면 차마 산목숨이라고 할 수가 없는 것이다. 그래도 살고 싶으냐? 성경은 말한다. "옷이 아니라 마음을 찢어라."^{요엘 2, 13} 아니다. 지금은 옷도 찢고 마음도 찢을 때.

___2016. 2. 12.

---

* 2016년 2월 10일 박근혜 정부는 북한의 핵 개발 자금 차단을 이유로 개성 공업지구 가동의 전면 중단을 공식 발표한다. 2019년 3월 8일 문재인 정부는 개성공단 재가동과 관련해 "유엔제재의 틀 안에서 검토하고, 미국과도 협의하겠다"는 입장을 밝힌 바 있다.

져주고 또 져주고
짊어져 주고

이세돌 9단이 알파고에게 연전연패하던 저녁, 하필 그날 회갑을 맞이하던 남자는 사람이 어째 사람도 아닌 것에게 질 수 있느냐면서 꺼이꺼이 아주 길게 울었다. 하마터면 같이 울 뻔했지만 그러지 않았다. 사람이 사람 같지도 않은 물건들에게 당하는 일이 어디 한두 가지라야지.

우리의 비원인 민족 통일을 향해서 국내외로 민주 세력을 키우고 규합하여 착실하게 전진해야 할 이 마당에 일인 독재 아래 인권은 유린되고 자유는 박탈당하고 있다. 민주주의에 대한 신념을 잃은 채 총체적 파국을 향해 한 걸음

씩 다가서고 있다. 지금 우리는 독재 정치의 사슬에 매여 있다. 사법부는 사실상 정권의 시녀로 전락했으며 의회 또한 허물만 남아 있을 뿐이다. 국가 안보라는 구실 아래 양심의 자유는 날로 위축되어 가고 언론의 자유는 압살당하고 말았다. 우리는 이제 국제 사회의 초라한 고아 신세나 다름없다. 경제는 붕괴 직전이다. 농촌을 잿더미로 만들고 노동자들의 저임금과 쉬운 해고를 바탕으로 산업을 세우려고 한 것은 애초부터 망상이었다. 어찌해야 하겠는가? 대통령이 책임지고 물러날밖에 다른 길이 없다.

요 며칠 사이에 나온 사설처럼 보였는지 모르지만 1976년 3월 1일 저녁, 명동성당에서 발표되었던 '민주구국 선언문'의 일부다. 두어 곳만 살짝 바꿔보았다. 당시 문공부 장관은 "헌정 질서를 파괴하려는 비합법적 활동"이라 했고, 검찰은 "정부를 전복하려는 선동 사건"이라면서 긴급조치 제9호의 칼을 빼들었다. 어떤 이는 1심에서 징역 8년형을 선고받았다. 지금 같아서는 지당하고 점잖은 충고였을 뿐인데 그런 몇 마디에 자지러지는 독재자였다니 싱겁고 한심하다. 그런 세월이 유신 체제였다. 그런데도 꼼짝 못 하는 괴상한 시절이었다. "박정희도 이 시점에서 물러 선다면 역사에서 높이 평가받는 인물이 될 것입니다." 이 한 줄의 설교에 신도들이 그만 사색이 되었으니 말이다.

지난 삼일절에 민주구국 선언 40돌을 기념하려는 사람들이 모였다. 그날처럼 겨레의 자주독립과 민주 회복을 위한 미사를 드렸고, 가톨릭과 개신교의 성직자들이 함께 기도를 바쳤다.* 사건의 주역이었던 어른 몇 분이 힘들게 와주셨지만 그 자리에는 더 이상 박정희도 없었고, 함석헌도 문익환도 김대중도 없었다. 모질게 때리던 자도 죽었고, 웃으며 얻어맞던 이들도 계시지 않아 홀가분하기도 했고 서글프기도 했다. 그들은 천국에서 다시 만났을까? 미안하다고 했을까? 지나간 일이니 용서해주마 했을까? 알 수 없다. 나중에 뵙게 되면 여쭤봐야지 하면서 궁금증을 접었다. 이렇게도 살아보고 저렇게도 살아보는 게 인생이라지만 어째서 제각각 다르게 살다 가는지…. 다르게 살았으면 가는 곳도 다르겠지 하는 생각은 좀처럼 잦아들지 않았다.

성경은 인생을 밀알이 땅에 떨어지는 일에 비유하며 죽

---

* 2016년 3월 1일은 재야 정치인과 성직자, 교수 등이 독재 정권 퇴진을 외친 3·1 민주구국선언 40주년이 되는 날이었다. 명동성당에서 천주교정의구현전국사제단이 주최한 기념 미사에는 수도자와 신자 등 700여 명이 참석했다. 한편 이날 성당 입구에서는 대한민국수호 천주교인 모임 회원 40여 명이 '종북 사제 퇴출'을 주장하며 집회를 열었다.

어서 크게 산다는 역설을 가르쳐준다. 저를 지키려고 끝끝내 버티면 고약하게 썩어서 아무것도 거둘 게 없지만, 기꺼운 마음으로 고운 흙에 자기를 보태면 움트고 싹터서 백배의 열매를 거둔다고 말이다. 이치는 분명하나 막상 현실을 접하고 나면 쉽지 않은 선택이다. 하나는 기어코 이기고야 말겠다는 선택이고, 다른 하나는 한사코 져주며 살겠다는 선택이다. 어느 누가 지는 걸 좋아하겠는가? 때려도 안 되겠지만 맞는 걸 좋아할 이는 없다.

역사상 남 애먹이다 망해간 자들이야 원래 수두룩한 법이지만 웃는 얼굴로 고난의 짐을 짊어져 주다 가신 분들 또한 적지 않다. 인생이 복잡해 보여도 마지막에 가보면 죽임을 당하고 마는 자와 스스로 죽으러 가는 자, 이렇게 둘로 나뉠 것이다. 영영 세세 떵떵거리고 살 줄 알았다가 종당에는 시들고 마는 시시한 물건들이야 흔해빠졌다. 올 때야 남이 보내서 왔지만 갈 때는 나 스스로 죽으러 가야겠다며 시원스레 길을 나서는 이는 참으로 귀하다. 그는 누구인가? 져줄 수 있는 사람이다. 져주고 져주다 짊어져주는 사람이다. 누가 그 일을 할 수 있는가? 철없는 아이와 욕심 많은 소인은 할 수 없다. 져주는 일은 어른만이 하는 일이요, 짊어져주는 일은 힘센 사람, 큰 사람만이 능히 이룰 일이다.

　모처럼 명동성당에 모인 사람들은 독재를 거슬러 민주를, 압제를 거슬러 자주를 외치면서 평생 무거운 짐을 짊어졌던 선배들을 영광스럽게 기억했다. 그분들의 고난과 쾌거에 감사를 드렸다. 헤어지면서 천하최강 알파고는 죽었다 깨어나도 할 수 없는 일, 사람만이 해낼 수 있는, 져주다 짊어져 주다 마지막에는 스스로 죽으러 가는 사명을 나누어 가졌다. 파스칼은 "나는 죽음을 안식이라고 생각하지 않는다. 죽음은 이 땅 위에서 한 일의 몇천 배, 몇만 배 되는 일을 하러 가는 것이라고 생각한다"고 하였다. 이 또한 사람만 할 수 있는 생각이다.

___2016. 3. 12.

예수께서 명하시기를
"기억하라. 그리고 행동하라."

"죽어서 천당 가자!"는 것도, "사는 동안 복 받자!"는 것도 영 틀린 말은 아니겠으나 경經자가 붙은 책들의 생각은 다르다. 천국이란 지금 당장 살아야 하는 천국이고, 복이란 것도 저만의 부귀영화가 아니라 여럿이 함께하는 동고 동락이어야 한다고 가르친다. 천당이니 복이니 하는 말은 되도록 가려서 하는 게 좋다. 시중에 죽은 아이들은 천당 갔으니 됐고, 살아남은 사람들은 넉넉하게 보상 받았으니 됐잖은가, 따위의 끔찍한 소리가 나도는 모양이다. 천벌 받을 요설이다. 그만 잊자, 하는 소리도 마찬가지다. 성경은 정반대의 이야기를 하고 있다. 죽음을 앞두고서 예수는 제

자들에게 "기억하라, 그리고 행동하라!"^{루카복음 22. 19}고 명령했다. 자신의 죽음을 잊어서도 안 되고, 가만히 있어서도 안 된다고 했다.

이 말이 불씨가 되어 제자들은 줄곧 뜨거웠고 거듭 시대와 충돌했다. 얻어터지는 일은 다반사, 법정에 불려 가고 형무소에 갇히고 얻어터지는 일이 비일비재했다. "엉뚱한 소리로 시끄럽게 말고, 쓸데없는 짓으로 심란하게도 말라!" 이런 엄포는 말문 막고 손발 묶으려는 권력자들의 습성이다. 반면 "우리가 지지리 못났어도 잊을 수는 없다. 등신처럼 가만히 있을 수도 없다." 이것은 민중의 근성이다. 억압하려 드는 습성과 억눌리지 않으려는 근성이 맞잡이를 벌이는 게 성경의 줄거리다. 신약성경에 이런 대목이 있다. "여러분은 예수를 죽였으나 하느님은 살리셨소."^{사도행전 4, 10} 예수를 죽인 너희는 틀렸고, 하느님이 살려낸 예수가 옳았다는 거센 항변이다. 그 말에 살인자들은 움찔하면서도 은근히 타일렀다. 다 지나간 일인데 인제 와서 어쩌려는 것이오. 산 사람은 살아야 하지 않겠소. 인제 그만 잊읍시다. 하지만 제자들은 "하늘의 말씀을 들어야지 사람

말을 들어야 되겠소?"^{사도행전 4, 19}라며 물러서지 않았다. 이어 살을 찢고 뼈를 분질러버리며 망각과 부동자세를 명했으나 그들은 천하태평이었다. "하느님께 복종해야지 사람에게 복종해서야 쓰겠는가?"^{사도행전 5, 30}라면서 능쳤다. 이렇게 담력으로 폭력을 확 무너뜨리는 일을 혁명이라고 부른다.

허균의 호민론을 떠올려보자. 천하에 두려워할 것은 오직 백성뿐. 홍수나 화재, 호랑이나 표범보다 더 무서운 게 백성인데 어째서 윗자리에 있는 사람들이 함부로 업신여기며 모질게 부려 먹어도 아무 탈이 없는가. 세 부류의 백성이 있다고 설명했다. 첫째, 제 눈앞의 이익에만 마음을 쓸 뿐 위에서 시키면 시키는 대로 고분고분 부림을 당하는 사람들. 항민恒民이라 하는데 하나도 무섭지 않은 무력한 자들이다. 둘째, 살이 벗겨지다시피 빼앗기고 뼛골이 부서지도록 얻어맞는 현실을 미워하는 사람들이 있다. 원민怨民이라 부르는데 역시 두려워할 존재가 아니다. 셋째, 몸을 낮추고 마음을 감추면서 천지간을 흘겨보다가 때가 닥치면 자기 꿈을 펼치고자 일어서는 사람들이 있는데 이를 호

김인국 칼럼집

민豪民이라 한다. 무릇 호민이야말로 반드시 두려워해야 할 자들이라고 했다. 그렇다면 호민은 무엇으로 호민이 되는가. 두말할 것 없이 기억과 행동이다. 그래서 예수의 최종 유훈도 그와 같았던 게다.

오늘은 세월호 참사 2주기. 자식 잃고 통곡하는 부모들이 732일째 '4월 16일'을 맞이하고 있다.* 날마다 찢어지고 무너지는 그 마음을 누가 알까.

"강촌에 밤이 들어 물결이 적막한데… 딸의 비석을 찾아가서 비석을 안고 울음 운다. '아이고 내 딸 심청아, 인간 부모 잘못 만나 생죽음을 당했구나. 네 애비를 생각거든 나를 어서 데려가거라. 살기도 나는 귀찮고 눈 뜨기도 나는 싫다.' 가슴을 뚜드리며 머리도 지끈, 발을 굴러 미친 듯 취한 듯, 실성 발광하며 여기저기 떠돌아다니는구나."^{한애순}
창본, 「심청가」

심학규, 그래도 그는 행복한 아버지였다. 날마다 추락하는 끔찍한 세월이었지만 끝에 가서는 "내가 이리 물을 무서워하는 것은 부친에 대한 정이 부족함이라!"면서 몸을

---

* 이날 내리는 비에도 약 1만 2000명의 시민들이 참여해 추모와 함께 진상 규명과 책임자 처벌, 참사 원인 규명 등을 촉구했다.

던졌던 딸을 어루만질 수 있었으니 말이다. '그날'이 다시 왔지만 소리 내서 엉엉 울지도 못할 분들께도 그런 날이 온다면 얼마나 좋을까. 그렇다고 통곡의 절벽 앞에 서 있는 부모들을 안타깝게만 여기지 마시라. 그들은 아직 자식을 찾기도 전에 세상에 눈을 뜬 사람들이니 말이다. 기억과 행동이라는 이성의 과업에 이토록 성실하고 용감했던 사람들은 일찍이 드물었다. 심청전은 심 봉사 눈 뜨는 소리에 전국의 모든 맹인이 동시에 눈 떴다는 이야기로 끝을 맺는다. 사흘 뒤는 호민들이 탄생하던 천지개벽의 그날, 4·19 혁명일이다. 축하드린다! 이 봄날, 우리가 눈을 뜨게 된다면 그것은 순전히 심청이의 아버지와 어머니들, 그분들 덕이라고 믿는다.

___2016. 4. 16.

김인국 칼럼집

2부

사람의 땅

2016.5.14. - 2016.12.24.

우리 곁에 오신 부처님들,
고맙습니다!

무슨 인사를 주고받아야 오늘 나신 부처님이 좋아하실까. "교도소에서 살아가는 거룩한 부처님들, 술집에서 술을 파는 엄숙한 부처님들, 교회에서 찬송하는 경건한 부처님들, 넓고 넓은 들판에서 흙을 파는 부처님들, 우렁찬 공장에서 땀 흘리는 부처님들, 자욱한 먼지 속을 오가는 부처님들, 고요한 교실에서 공부하는 부처님들, 오늘은 당신네의 생신이니 축하합니다. 천지는 한 뿌리요 일체가 부처님이요, 부처님이 일체이니 모두가 평등하며 낱낱이 장엄합니다."

삼십 년 전인 1986년도 석가탄신일 법어였다. 삼라만상에 꽉 들어차 계시는 부처님들이여, 영원에서 영원까지 서로 존경하며 서로 축하하자. 이 간결한 인사에 무슨 말을 더 보태랴. 그런데 이 아침 천지가 한 뿌리요, 만물이 한몸이라는 말씀을 듣자니 얼굴이 화끈거린다. 모두가 평등하며 낱낱이 장엄합니다! 악명 높던 전두환 군사 정권 아래서도 당당하게 주고받던 이 인사가 어째서 지금은 낯간지러운 빈말이 되었을까. 그러고 보니 동포同胞라는 말을 잊고 지낸 지도 퍽 오래되었다. 한 어머니에게서 나온 한 형제라는 인사를 건네기에는 툭하면 베고 찌르고 볶아대는 오늘의 현실이 너무나 각박하다.

해마다 부처님의 탄신을 기리고 있다. 면목이 서지 않더라도 해야 한다. 콧대 높으신 대통령님부터 코흘리개 어린애까지 부처님 앞에 두 손 모으고 눈을 감아야 한다. 그래야만 하루라도 짐승 노릇을 멈추고 내가 누군지 네가 누군지 우리가 누군지 생각할 수 있다. 오늘은 부처님이 얼마나 높고 귀한 분인지 알아 드리자는 날이 아니다. 우리 서로 알아주며 기뻐하라는 날이다.

김인국 칼럼집

"생일을 맞은 부처님보다 뭇 중생이 더욱 즐겁습니다. 본래 부처님이 중생들을 위해 사바에 오셨으니 중생이 즐거워하는 것은 당연한 것이요, 부처님도 중생으로 와서 부처 되었으니, 오늘은 중생들의 생일입니다. 이는 곧 중생이 부처라는 말이요, 천지일근天地一根 만물일체萬物一體로서 일체중생은 평등하고 존귀한 것입니다."

유교 전통이 대단했던 어느 집안에서 장남이 출가를 감행하자 아버지는 "석가모니가 내 원수"라면서 하인들을 시켜 집 앞에 흐르는 강에 그물을 치도록 했다. "내가 살생하는 것이 불살생을 원칙으로 하는 석가모니에게 복수하는 것"이라면서 말이다. 신분과 위계의 차등을 당연한 질서로 여기는 유학자에게 "한량없는 여러분 부처님들아, 서로 위하고 서로에게 겸손하면서 우리 함께 어울려 아름다운 일들을 많이 하자"라던 아들의 생각은 그 자체로 도저히 용납할 수 없는 국기 문란 행위였다.

요즘 넙죽넙죽 건성뿐인 경배가 흔해지고 너스레와 허례허식만 요란해진 현실을 보노라니 석가모니가 원수로다

하고 부르르 떨었다는 아버지의 분노가 오히려 경건하게 느껴진다. 아침부터 난다 긴다 하는 권세가들이 앞서거니 뒤서거니 부처님 앞으로 달려갈 텐데, 천상천하유아독존의 절세 영웅이라지만 한낱 쇳물을 부어 만든 형상 앞에서 갑자기 착하고 고분고분해지는 모습은 참으로 진풍경일 것이다. 그들도 오늘만큼은 "모두가 평등하며 낱낱이 장엄하다"는 진리에 동의하는 걸까.

궁금증이 꼬리를 문다. 종일토록 들판에서 흙 파는 농부들, 언제 잘릴지 몰라 식은땀 흘리는 노동자들은 물론이고 교도소에 들어간 도둑들, 분 바르고 술 따르는 작부들까지 의심할 바 없이 거룩하고 엄숙한 부처님이라지만 꼬물꼬물 꿈틀거리며 불평 없이 살아가던 4대강의 무수한 부처님들을 눈 하나 깜짝 않고 없애버린 사람들, 시키는 대로 가만히 있으면 꺼내주겠지 철석같이 믿었던 어린 부처님들을 살려주지 않았던 사람들. 올해도 농사로 자식들 키우고 싶다던 부처님을 직사 물대포로 쓰러뜨린 사람들. 이삼백 일 넘도록 고공 농성 중인 부처님들을 깔보고 멸시하는 사람들. 이 모든 게 미처 몰라서 저지른 일이었거나 뜻하지 않은 사고였다면 사과라도 제대로 해야 할 텐데 그럴 기미조차 보이지 않는 저 철딱서니 없는 중생들을 뭐라고 부르랴. 아서라. 오늘은 모자란 사람들 탓하는 날이 아니라 귀감이 되셨던 선지식을 떠올리며 흐뭇해지는 날이니.

"두 부처님이 있습니다. 법당에 계시는 부처님과 곳곳에 계시는 부처님입니다. 거리마다 부처님이 계시니 가난하고 약한 사람들입니다. 이들을 잘 받드는 게 참 불공입니다. 법당에 계시는 부처님께 한없는 공양구를 올리고 불공하는 것보다, 곳곳에 계시는 부처님들을 잘 모시고 섬기는 것이 억천만 배 비교할 수도 없이 더 복이 많다고 석가세존은 가르치셨습니다."

이상 해인총림 초대 방장 성철 스님¹⁹¹²⁻¹⁹⁹³의 말씀이었다. 원수 갚는다고 쳐둔 그물을 거두어들인 것은 장장 십오 년이 지나서였으니, 선친은 스님이 이런 철학의 큰 도인으로 거듭난 것을 보고 비로소 마음을 풀었다 한다. 너도나도 본래면목* 들여다보며 기뻐하는 하루 보내시기를!

___2016. 5. 14.

* 자기의 본래 모습.

성심의 나라,
수심의 나라

성심성의껏 할 때의 성심誠心과 다르고, 명심보감의 성심 省心과도 다른 성심聖心, 그 이름을 나누어 갖는 기관이 여러 곳이다. 가톨릭의 수도회를 필두로 많은 학교와 병원들이 이 이름을 쓰고 있으며, 이 이름을 빌려 쓴 덕인지는 모르지만 크게 성공한 빵집도 있다. 예수의 마음을 일컫는 이 낯선 말마디가 조선 경향 각지로 널리 퍼지게 된 것은 우리의 타고난 성품과 무관하지 않다. 천주교 박해기와 그 이후 이 땅을 찾아온 서양 신부들은 "이 나라 사람들은 날 때부터 그리스도인"이라며 탄복하곤 했단다. 죄를 씻는 세례가 따로 필요할까 싶을 정도로.

학생 시절, 이런 이야기를 들을 때마다 고개를 갸우뚱거렸는데 1911년 2월 17일부터 6월 24일까지 129일간 조선에 머물다간 어느 독일 선교사의 조선 여행기를 읽으며 비로소 이해하게 되었다. "조선인은 꿈꾸는 사람이다. 그들은 자연을 응시하며 몇 시간이고 홀로 앉아 있을 수 있다. 산마루에 진달래꽃 불타는 봄이면 지칠 줄 모르고 진달래꽃을 응시할 줄 안다. 잘 자란 어린모가 연둣빛 고운 비단천을 펼친 듯 물 위로 고개를 살랑인다. 색이 나날이 짙어졌다. 조선 사람은 먼 산 엷은 초록빛에 눈길을 멈추고 차마 딴 데로 돌리지 못한다. 그들이 길가에 핀 꽃을 주시하면 꽃과 하나가 된다. 조선인은 모든 것 앞에서 다만 고요할 뿐이다."*

　　제 나라에서 하인으로 몰락한 처지에도 조선인의 풍채와 용모는 여전히 의젓하였다. "그들은 크고 날씬하며 보무도 당당하다. 어느 모로나 제왕의 풍모다. 발에 딱 맞는 짚신을 신어 걸음걸이가 우아한데, 일본인은 끈 달린 나무 샌들에 엄지발가락을 끼워 넣고 다녀서 질질 끌거나 종종걸음 칠 수밖에 없다." 여간해서 꽃을 꺾지 않는, 차라리 내

* 『고요한 아침의 나라』, 노르베르트 베버, 박일영, 장정란 옮김, 분도출판사.

일 다시 보고 또 볼지언정 나뭇가지를 꺾어 어두운 방안에 꽂아두는 법이 없는 조선 사람들을 보며 감탄을 더해가던 검은 옷과 긴 수염의 독일인은 보신각종에 얽힌 옛 서울의 관습을 듣고서는 거의 기절초풍하고 만다. "저녁 종소리가 울려 퍼지면 남자들은 절대 바깥출입을 해서는 안 된다. 이들이 서둘러 귀가하여 거리를 비워주면 아녀자들은 방해받지 않고 편안히 외출할 수 있었다."

　경박한 일본 예절에 밀려 조선의 흐뭇하고 지엄했던 관습이 무너져 내리는 현실 앞에서 이방인 순례자는 발을 동동 굴렀다. 오늘 우리가 봐도 그렇지 않은가. 길에서 부녀자와 마주치면 스스로 비켜서서 더 좋은 길을 터준다거나, 아무리 최하층 신분이라 하더라도 여자에게는 함부로 말하지 않으며, 어머니가 돌아가시면 부친상과 똑같이 상복을 입고 삼년상으로 추모하는 그런 마음을 어느 하늘 아래서 다시 만날 수 있겠는가. 『열하일기』를 방불케 하는 저 꼼꼼하고도 방대한 여행기는 처음부터 끝까지 "너희는 성심의 나라로다. 세상천지에 다시없는 성심의 겨레로다!"를 반복하면서 잊고 지냈던 본디 모습을 어서 되살려내라고 다그친다.

　나라가 사위어가는 시절에도 쾌활한 색상과 고요하고 늠름한 자태를 잃지 않던 옛사람들에 비하면 지금 우리는 너무나 이상하고 초라해졌다. 강남역에서 젊은 여자가 죽고, 열하루 만에 구의역에서 어린 노동자가 죽었다. 다시 나흘 후에는 또 다른 역을 만들던 열넷의 일용 노동자가 죽고 다쳤다.[*] 2009년 이래 "승객 여러분이 내릴 다음 역은 '용산 참사역'입니다!"라는 소리를 재수 없는 참언[**]으로만 여겼는데 모든 게 그대로 흘러가고 있다. 사람끼리 다시는 그러지 말자는 비상경보가 탑마다 굴뚝마다 춘하추동 울려댔으나 아이들은 바다에서 죽어갔고, 어머니와 아기들은 영문도 모른 채 안방에서 시들어갔다.

　성 베네딕트회 독일 상트 오틸리엔 수도원의 총원장 노르베르트 베버, 떠날 때 "대한 만세!"라고 외치고 싶었지만 차마 입에 올리지 못했던 그는 슬픈 나라를 영영 잊을 수 없었는지 십사 년 만에 다시 조선을 찾아왔다. 아예 촬영 기사까지 대동하고서. 덕분에 백 년 전 우리네 삶이 한 편

---

[*] 2016년 5월 17일 새벽 서울 서초동 노래방 화장실에서 20대 여성이 살해당한다. 범인이 "평소 여성들이 자기를 무시했다"며 살해 동기를 밝히면서 여성 혐오 범죄에 대한 경각심이 사회 전반에 퍼진다. 5월 28일 오후 서울 지하철 2호선 구의역 승강장에서 작업 중이던 용역업체 직원이 스크린도어에 끼어 사망하는 사건이 발생한다. 6월 1일에는 경기도 남양주시 복선전철 공사 현장 사고로 노동자 4명이 숨지고 10명이 부상한다. 이후 '위험의 외주화'에 대한 사회적 논의가 촉발된다.
[**] 앞일을 예언하는 말.

의 기록 영화로 남아 있다. 사뭇 경탄 어린 시선으로 조선을 기록하던 손님은 오늘의 번영 대한민국을 향해 그때 머뭇거리고 하지 못한 대한 만세를 불리줄까.

내년에 우리는 민주화 30년, 후년에는 정부 수립 70년, 그리고 그다음 해에는 삼일 운동과 공화주의 선포 백 주년을 맞는다. 성심을 팽개치고 수심으로 가득 찬 수심獸心의 나라가 되려고 그렇게 이 악물고 달려왔을까? 모레는 현충일. 자신을 국가라고 믿는 자들은 현충탑 앞에서 엄숙하게 고개를 숙이겠지만, 시민들은 지금 노란 포스트잇 한 장을 들고 여기저기 불쑥불쑥 솟아나는 또 다른 추모의 탑 앞에서 부르르 떨고 있다.

___2016. 6. 4.

김인국 칼럼집

영국은 엑시트,
한국은 엑소더스

어정칠월*이 가까운 줄 아는지 벌써 매미가 운다. 낮에는 너무 뜨거워서 해동갑하기** 쉽지 않다. 일상에서 벗어나 그저 어정거리고픈 충동이 인다. 때로 그럴 필요가 있다. 밤낮없이 돌리는 저 고단한 맷돌질을 멈추고 옛사람의 말씀을 들어보라. "헛되고 헛되다. 세상만사 헛되다. (…) 사람이 하늘 아래서 제아무리 애를 태우며 수고해본들 돌아올 것이 무엇이겠는가? 낮에는 뼈아프게 일하고 밤에는 마음을 죄어 걱정해보지만 이 또한 헛된 일이다. 수고한 보람으로 먹고 마시며 즐기는 일만큼 사람에게 좋은 일은 없다." 지금 이 순간 삶의 의미를 묻는 지혜의 책, 『코헬렛』***

* 음력 칠월.
** 해질 무렵까지 계속함.
*** 구약 성경의 책, 개신교에서는 '전도서'라고도 함.

의 한 대목이다.

요즘 탈출과 관련하여 자주 입에 오르는 서양 말이 둘이다. 엑시트^{exit}와 엑소더스^{exodus}. 하나가 사사로운 탈출이라면 다른 하나는 사회적인 탈출이라 하겠다. 저 혼자 살겠다고 도망치는 '몰래 도주'는 엑시트에 속하고, 구명동의를 양보해가며 다 같이 난파선에서 뛰어내렸다면 엑소더스에 해당한다. 사람으로 났으니 사람답게 살아보자고 동포들과 함께 바다를 건넌 모세는 엑소더스의 리더였다. 반면 임진년에 의주까지 줄행랑, 육이오에는 단숨에 대구까지 도망간 선조와 이승만은 엑시트의 우두머리들이었다. 북으로 남으로 정신없이 내빼던 그들은 어째서 가다 마느냐고 좁은 국토를 원망했을지 모른다. "시민 여러분, 안심하고 서울을 지켜주십시오. 적은 패주하고 있습니다. 정부는 여러분과 함께 서울에 머물 것입니다. 국군의 총반격으로 적은 퇴각 중입니다."[*] 사람이 어째서 이다지도 엉뚱한가.

어느 시대나 권력자들은 엑시트라는 안전 출구를 독점

---

[*] 한국 전쟁 발발 후 방송된 대통령 육성 담화. 그러나 국민들에게 안심하라던 이승만은 6월 27일 새벽 경무대를 빠져나와 대전으로 도주한다.

하고, 가진 게 없는 민중은 막연하게 엑소더스를 꿈꿀 뿐이다. 한반도 상공에 전운이 감도는 상황이라고 해보자. 무슨 일이 벌어질까? 예민한 후각으로 킁킁거리다가 여차하면 공항으로 달려갈 사람들이 누구일는지 물을 것도 없다. 짐이란 짐은 모조리 남들의 가냘픈 어깨에 지우고 저는 손가락 하나 까닥하지 않는, 젊어서는 군대를 피하고 지금은 요리조리 세금 피하는 재미로 미끈미끈 뱀장어처럼 기름지게 살면서 일구월심* 애국심을 걱정하는 점잖고 원만하신 그분들.

고릿적부터 엑시트를 확보해둔 자들이 엑소더스의 꿈을 통제하며 으름장을 놓는 게 세상이라지만, 언제라도 버리고 떠날 수 있는 자들이 나라의 진짜 주인일 수는 없다. 기업도 마찬가지다. "이익의 사유화, 손해의 사회화"를 당연하게 여기는 사람들, 공적 자금이라는 은혜로운 비상식량으로 기사회생의 숨통이 트여도 눈 하나 꿈쩍 않고 제 은인들인 납세자들을 해고의 풍랑에 던져버릴 수 있는 용감한 사람들, 회사가 망해도 제 몫이야 알뜰히 챙겨서 빠져나가는 사람들, 그들이 회사의 진짜 주인일까? 아니면 회

* 날이 오래고 달이 깊어 간다는 뜻으로, 세월이 흐를수록 더함.

사가 망해도 공장을 떠날 줄 모르는 노동자들이 더 주인일까?

"헬 조선 그러므로 탈조선!"이라는 불온한 조어 때문에 내내 심란했는데 이번에는 '브렉시트'라는 난데없는 말마디가 다시 양순한 민심을 불안하게 하고 있다. 이름 첫머리에 '그레이트'를 딱 붙이는 나라의 결단이 고작 엑시트라니 의외다. 그렇다면 대大자를 붙이는 한민국은 어쩌려나? 남모르는 곳에 억만금의 재물을 빼돌려놓고 콩알만한 엑시트를 들락날락거리는 미키마우스 같은 사람들에게 미래를 맡길 수 없다.* 우리는 우리대로 부지런히 엑소더스를 서둘러야 한다. 근자열近者悅 원자래遠者來! 가까운 이웃들을 먼저 기쁘게 함으로써 먼 데 있는 이웃들까지 불러들이는 매력을 키운다면 대한사람 대한으로 대탈출을 감행할 수 있다. 2년 전 구명조끼를 서로 양보하던 세월호 아이들은 우리가 어떤 엑소더스를 해야 하는지 보여주었다.

그래서였는지 모르겠지만 정부는 엊그제 세월호 특별

---

* 2013년 5월 22일 탐사 언론 〈뉴스타파〉는 국제 탐사보도 언론인협회와의 공동 취재를 통해 조세 피난처에 페이퍼컴퍼니를 설립한 한국인이 245명에 이른다는 사실을 보도한다. 이 중에는 재벌 오너와 가족, 전현직 임직원 등이 다수 포함되어 있었다.

김인국 칼럼집

조사위원회 활동을 강제로 종료시켰다.[*] 침몰한 배는 아직 뭍으로 올라오지도 못했는데 말이다. 누가 모르랴. 아이들의 엑소더스를 방해하고 자기들만의 엑시트를 서둘렀던 흉계가 드러날까 두렵고 부끄러운 게다. "한국 정부는 희생자들에 대한 연민이나 이해심도, 납득할 만한 해명도 없이 진실을 은폐하느라 끊임없는 방해만 일삼고 있다."^{독일 쥐트도이체차이퉁} 먼 이웃 나라조차 혀를 차고 있다. 길은 길 밖에 있었다. '엑스^{밖으로, ex}+호도스^{길, hodos}', 엑소더스는 바로 그런 뜻. 지금부터는 위에서 일러주고 정해준 길 말고, 우리가 만든 우리 길로 가기로 하자.

  바야흐로 여름 꽃이 한창이다. 들일 마치고 돌아오던 농부가 이런 인사를 보냈다. "능소화가 곱게 피었습니다. 꽃 피우는 오늘까지 오느라 저도 애썼을 테지요. 힘겹게 살아도 꽃구경 못하고 마는 생명이 어디나 많습니다. 너는 예까지 왔으니, 원 없이 한껏 아름다워라. 절로 질 때까지 아름다워라."^{이철수}

---

* 2016년 6월 30일, 당시 정부와 여당의 방해와 비협조 속에 1년 6개월에 걸친 특조위 활동이 종료되면서 진실 규명을 위한 노력은 무위로 끝난다. 그러나 1년 후 2017년 11월 27일 특별법이 통과되면서 가습기 살균제 사건과 4.16 세월호 참사 특별조사 위원회가 설립된다.

2230자 2부 | 사람의 땅   71

백남기와 이건희

    이러다 망할 수도 있겠구나 싶은 아슬아슬한 시간이 째깍 우리 주위를 빙빙 맴돌고 있다. 마땅히 어질어야 하는 사람들의 타락과 불인은 어느 시대나 무서운 파국의 원인이었다. "기울기는 하였으나 엎어지지는 않았고, 터지기는 했으나 무너지지는 않았다. 다 어진 이와 군자의 심력이 그리한 것이다"라던 옛이야기가 오늘에도 여전한 미덕이요 행운이라면 얼마나 좋으랴. 하지만 언제부터인지 "말없이 자리를 지켜주는 착한 사람들 덕분에 아직 살 만한 세상입니다"라는 식의 얼렁뚱땅 지어낸 위로조차 들리지 않는다. 대대로 부패의 오물을 청소하느라, 탐욕의 육중한 무게를 지탱해주느라 허리가 꺾이고 접혀버린 사람들에게 더 이상 그럴 힘이 없음을 너무나 잘 알기에 차마 그런 말조차 입 밖에 내지 못하는 걸까. 하기야 꿩 먹고 알도 먹어야겠다는 식으로 탈탈 털어댔는데 남은 게 있을 턱이 없다.

권세 휘두르는 재미에 날 새는 줄 모르다가 어두운 행적이 들통 나서 난감해진 저 고관대작들. 끊이지 않고 이어지는 악어들의 추문을 듣고 있자니 그러잖아도 견디기 힘든 여름이 참담하게 느껴진다. 대뜸 "나는 과연 비참한 인간입니다. 누가 이 죽음에 빠진 몸에서 나를 구해줄 수 있습니까?"^{로마서 7, 24}라는 구절이 떠올랐다. 그들이 "이거 참 망신이로고" 하며 부끄러워했는지, 아니면 "재수가 없으려니 원" 하며 분통을 터뜨렸는지 모르겠지만 어느 경우나 얼굴은 붉어졌으리라. 사람이니까.

그런데 물어보자. 인간은 원래 시답지 않은 존재일까. 그럴지도 모른다. 어쩌다 생겨나서/ 실없이 살다가/ 어이없이 가더라고 하지 않던가. 그런데도 성경의 시인들은 이런 노래를 불렀다. "(하느님), 인간이 무엇이기에 이토록 기억해주십니까? 사람이 무엇이기에 이토록 돌보아주십니까? 존귀와 영광의 관을 씌워주셨습니다. 당신 손의 작품들을 다스리게 하시고 만물을 그의 발아래 두셨습니다."^{시편 8, 5}

누구나 귀한 목숨이라는 말은 참 고마우나, 어째서 하는 짓들이 모질고 사나운지 모르겠다. 저밖에 모르고 남 잡아먹을 생각, 남 놀려 먹고 부려 먹다가 내다 버릴 생각뿐이잖나. 옛사람의 진단은 이랬다. "귀하게 되고자 함은 사람들이 다 같은 마음이나 제 속에 귀한 것이 있어도 생각하지 않는다."^{孟子, 고자상편} 자신이 귀한 이유를 밖에서 찾아 헤매는 것이 불행의 시작이란다. 인간의 어리석음은 게서 멈추지 않는다. "사람이 새나 짐승과 다른 점은 아주 적다. (아주 적은 것을) 여느 사람들은 버렸는데 참사람은 간직한다."^{孟子, 이루하편} 그것이 없으면 금수나 다름없게 되는데 귀한 그것을 팽개친다니! 제발 그러지 말라는 소리가 성경에도 나온다. "거룩한 것을 개에게 주지 말고, 진주를 돼지에게 던지지 말라. 그것들이 발로 짓밟고 돌아서서 너희를 물어뜯을지도 모른다."^{마태오복음 7, 6}

무엇과도 바꿀 수 없는 그리고 가진 바를 다 팔아서라도 반드시 가져야 하는 진주, 영적 보화를 품은 사람은 가진 진선미로 살면서 신망애* 삼덕을 쌓는다. 반면 그 귀한 것은 내다 버리거나 팔아치운 사람은 짐승의 세 가지 독한 성질, 탐진치貪瞋痴 삼독**으로 지내며 삼악을 저지르게 된다. 어려서 만화를 읽으며 다 배운 이야기다. 인간의 폭력성과 탐욕과 음란을 상징하는 서유기의 손오공, 저팔계, 사오정은 요즘 정계, 법조계, 재계의 민낯이다.

　　한편 성경은 금수저보다 흙수저가 행복하다고 단언한다. 금수저가 잘할 수 있는 일이란 고작 실컷 해보고, 실컷 누려보고, 실컷 먹어보는 것뿐인데 저 '실컷'의 단꿈에 취하다 보면 영영 사람 되기 어렵다는 것이다. 사람됨을 단념했다가는 개돼지에게 물려 개돼지만도 못하게 된다고 했으니 삼가고 조심하는 게 신상에 이롭다.

　　너무 오랫동안 의식도 기력도 되찾지 못한 채 병원에 누워 있는 두 노인을 생각한다. 한 분은 2014년 5월 10일 급성 심근 경색으로 쓰러진 이건희 삼성그룹 회장, 다른 한

---

* 믿음, 소망, 사랑.
** 탐욕(貪慾), 진에(瞋恚), 우치(愚癡). 즉, 불교에서 말하는 세 가지 독인 욕심과 노여움과 어리석음을 말한다.

분은 2015년 11월 14일 경찰이 쏜 직사 물대포를 맞고 쓰러진 해남 사람 가톨릭농민회 백남기 회장이다.[*] 산 이력이야 너무나 다르지만 연배가 비슷하고 기다리는 사람들의 애타는 마음도 똑같다. 부디 기사회생하셔서 단단히 망조가 들린 나라에도 교훈을 나눠주시기 빈다. 사지에서 돌아온 자의 노인의 슬기라야 끝 모르는 욕망과 교만을 다독거릴 수 있을 터.

"우리 중에 잘 사는 사람은 어쩌면 남의 복을 빌려서 그런 건지도 모르지. 또 못 사는 사람은 남에게 복을 빌려 주었기 때문인지도 몰라. 그러니 좀 잘 산다고 으스댈 것도 아니고, 못 산다고 풀 죽을 일도 아니야."[**]

___2016. 7. 30.

---

[*] 2016년 7월 21일 〈뉴스타파〉는 이건희 회장의 성매매 의혹 동영상을 보도한다. 당시 이건희 회장은 심근 경색으로 쓰러져 2014년 5월부터 병상에 누워 있는 상황. 같은 해 9월 25일 시위 현장에서 물대포에 맞아 쓰러진 백남기 씨가 끝내 숨지자 경찰은 서울대병원 장례식장에 3600명의 병력을 배치한다.

[**] 「빌린 복으로 잘 산 이야기」, 『가슴 뭉클한 옛날이야기』, 김장성, 사계절출판사.

어째서 그리도 더웠을까

여름이 물러가고 있다. 아직 선선히 물러날 폭염은 아니지만 새벽마다 산천초목에 가을이 내리고 있다. 벼들은 진즉부터 고개를 숙이고 섰다. 싹둑 참깨를 베어다가 볕에 말리던 농부는 엊그제부터 털고 있다. 바야흐로 가을걷이가 시작된 것이다. 온 천하에 가을을 알리는 알밤도 터지기 일보 직전.

대통령도 여름을 지냈으니 어쩔 수 없이 가을을 맞아야 한다. 하지만 이 지긋지긋한 여름을 떠나보낼 맘이 없는 듯 보여 안타깝다. 길게 보면 유신 정권의 '인저리 타임'이나 마찬가지였던 5년이 저물고 있으니 어찌 미련이 없으랴. 하지만 가을의 본성은 꼭 쥐고 있던 것을 탁 놓아주는 데 있다. "덜떨어진 놈"이라며 혀를 찰 때 그 탄식이 무슨 뜻이겠는가. 놔주고 싶지 않고 떨어지고 싶지 않은 그 심정은 알겠는데 그래서는 못쓴다. 남도 망치고 자기도 망친다. 주렁주렁 역대급 비리를 달고 있는 민정수석 하나가 아까워서, 음주운전 교통사고를 냈지만 신분을 속이고 얼렁뚱땅 징계를 피했던 자를 덜렁 경찰청장에 앉히고 말았다. 떼어버리라는 혹은 그냥 놔두고 그 위에다 또 다른 혹을 보탠 꼴이라서 눈 뜨고 봐주기 힘들다.

돌아보면 내내 그런 식이었다. 집권 첫해에 국정원의 대선 공작을 솔직하게 고백하고 책임져야 했지만 이를 뭉개버리면서, 이듬해 세월호 참사가 일어났다. 만일 민주주의의 기초를 허문 죄를 말끔하게 털어버렸다면, 저 끔찍했던 바다의 비극은 일어나지 않았을지도 모른다. 입으로는 적폐 청산과 국가 개조를 약속했지만 구밀복검口蜜腹劍, 말만 달콤했고 처신은 잔혹했다. 원통해서 울고, 억울해서 우는 사람들을 비난하였으며, 진실 규명을 방해하는 것 말고 안

전 사회를 위한 노력은 하나도 하지 않았다. 떳떳하지 못한 어제를 끊어버리지 않으면 오늘과 내일은 저절로 오염되는 법이다. 패착이 이어진 이유는 바로 거기에 있었다.

작년에는 역사 교과서 국정화와 노동 시장 개혁을 부르짖었다. 누가 보더라도 친일파를 위한 역사 세탁이었으며, 전 국민의 비정규직화를 위한 꼼수임이 분명했다. 권력자의 억지와 무지에 신물이 난 민심은 못 들은 체 잠자코 있다가 올해 총선에서 국회를 엎어버렸다. 하지만 대통령은 여소 야대를 만들어낸 민의를 받드는 대신 사드라는 미국산 미사일 방어시스템 카드를 들고 나왔다. 국면 전환에는 안보 이슈가 특효라고 믿었을까. 그런데 철석같이 믿었던 경북이 발등을 찍었다. 칠곡과 성주에 이어 김천까지 벌떼처럼 들고 일어난 것이다.* 철모르는 덜떨어진 마음이 불러일으킨 당연한 결과다. 일기일회**의 편도 인생을 생각하면 이럴 수는 없다.

밤낮 이글거리고, 지글거렸던 여름은 끝났다. 어째서 그리도 더웠을까. 폭염에 대한 다음 해석이 가장 엄숙하게

---

* 2016년 7월 8일 박근혜 정부는 중국의 반발에도 미국의 미사일 요격 시스템 사드(THAAD)의 한국 배치를 공식 발표한다.
** 생애 단 한 번의 만남.

들렸다. 온 우주가 자기 몸을 불사르는 번제를 바치느라 낮에는 해가 불타고, 밤에는 별이 불탔다. 그 아래서 꽃도 나무도 바윗덩어리도 불타올랐다. 왜 이런 뜨거운 제사가 필요했을까. "사람들이 타락해서 저밖에 모르고 남 잡아먹을 생각밖에 없고, 남을 이용하고 희생시키려고만 들기 때문이다. 이런 식으로 가다가는 너도나도 다 망하기 때문이며, 사람도 자연 생태계도 함께 죽기 때문이다. 썩어가는 강을 살려내고 본성을 잃어버린 인류를 구하자면 어째야 겠는가? 자기를 불태워서 세상을 환하게 만들고, 남을 살리는 고결한 인류가 어서 나와야 한다."류영모 자기를 폭발시켜서 전체를 구하는 그런 고결한 인간의 출현을 위해서 삼라만상이 제 몸 사르는 여름이었다는 것이다.*

불을 지르러 온 불이었던 예수는 말했다. "나는 세상에 불을 지르러 왔다. 그 불이 이미 타올랐으면 얼마나 좋으랴?"루카복음 12, 49 그렇다. 타올라야 한다. 그래서 태울 것 태우고, 어두운 데를 밝혀야 한다. 원망스러웠던 불볕이야 얼마든 견딜 테니 더러운 것들아 활활 타서 제발 없어지거라, 빌고 또 비느라 오늘도 성주 사람들은 촛불을 태우고,

* 2016년 여름 한반도는 경상도 일부 지역이 섭씨 40도를 넘는 등 기록적인 폭염에 휩싸인다.

세월호 유족들은 광화문에서 곡기를 끊고 애를 태운다. 사라질 것들이 사라질 때 우리 목숨이 살아진다.

모진 추위 끝에 그윽한 매향을 얻는다면 가혹했던 폭염 아래서 우리는 무엇을 거두는가. 달관의 지혜가 아닐까 싶다. 추위든 더위든 견딜 만큼 견디고 나면 세상을 바라보는 마음이 한결 맑고 여유롭고 넉넉해진다. 옛 스승은 추위든 더위든 피하려 하지 말고 너 자신이 추위, 더위가 되라고 하셨다. 더위에 시달리다 마침내 더위가 되어버린 당신에게 "저기 저 가을 꽃자리/ 초록이 지쳐 단풍 드는데" 「푸르른 날」, 서정주, 이 노래를 불러 드리련다.

___2016. 8. 27.

이제 하늘이 열리는
개천절은 없다

늙은 농부가 죽었는데 전운이 감돈다. 주검을 지키려는 이들과 빼앗으려는 자들 사이에 전선이 그어졌다. 그가 죽은 게 아니라 그를 죽였기 때문이다. 죽인 자들은 농부가 죽게 된 진짜 이유를 밝혀주겠다며 부검 영장을 흔들어댄다.* 사람이 사람에게 이럴 수 있을까? 분이 치밀어 오르지만 저들의 체질과 본성을 감안하면 너무나 자연스러운 패륜이다. 그 옛날 예수가 죽던 날에도 군인들은 창을 들어 옆구리를 푹 찔렀다. 농부의 그곳도 가만 놔두지 않을 테지만 칼을 든 자들이여, 이번만은 조심할지어다. 예수의 옆구리에서 피와 물이 쏟아졌는데, 농부의 옆구리에서 또 무

---

* 서울중앙지법에서 발부받은 부검 영장을 집행하려던 경찰은 유족과 시민 단체의 반발에 철수한다. 이후 여론이 악화되자 영장 재신청과 부검을 포기한다.

엇이 쏟아질지 아무도 모른다. 그것이 무엇이든 농부를 빼앗긴 자들은 그것을 양식 삼아 반격에 나설 것이다.

보성 사람 백남기. 그리스도인이 그리스도를 닮는 것은 지당한 일이지마는 그의 삶과 죽음은 예수님과 너무나 닮았다. 천주교인인 그의 본명(세례명)은 예수의 다른 이름이었던 '임마누엘'이다. 하느님이 우리와 함께 계시다는 뜻. 그러니까 그는 하느님이 우리 가운데 살아계심과 다스리심을 드러내는 자. 임마누엘이 곁에 있으면 누구나 위안과 존중, 보호를 받는다. 예수는 "나를 본 사람은 곧 (하느님) 아버지를 뵌 것"이라는 뜻밖의 말을 한 적이 있다. 살짝 웃고 있는 농부의 영정에서 우리는 시방 누구를 만나고 있는가?

예수는 요르단 강에서 세례를 받았다. 백남기는 명동 언덕에서 세례를 받았는데 마지막 순간에는 아예 머리에 물대포를 맞았다. 예수는 죽기 직전 "나를 먹고 나를 마셔라" 하면서 세상을 위한 밥이 되었다. 한평생 농민으로 살면서 세상이 먹을 밥을 짓던 선생은 밀밭에 한가득 씨앗을 뿌려놓고 최후의 순례를 떠났다. 두 분 모두 변방의 변두리 시골 사람으로서 예수는 수도 예루살렘에 갔다가 못에 찔렸고, 백남기는 수도 서울에 올라갔다가 두개골이 깨졌다. 예수는 로마 총독 빌라도와 대사제 가야파의 미움을 사서, 백남기는 대통령과 치안 책임자의 분노를 사서 죽었다. 아버지 헤로데가 잡다 놓친 예수를 결국 아들 헤로데가 잡았다. 청년 시절 백남기는 독재자 박정희에게 쫓기며 시달리며 살았는데 하필 그의 딸에게 붙들려 숨졌다.

예수가 죽자 그를 사랑하던 여자들이 대성통곡했고, 도망쳤던 남자들은 땅을 쳤다. 백남기의 사망에 온 나라의 '도라지와 민주화'들이 밤낮으로 울고 있다. 똑 닮은 운명이 이 정도로 그치고 말까? 예수의 몸은 죽었어도 오랜 시간 빌라도의 소유물이었다가 나중에 돌려받았으니, 농부의 시신 또한 권력자의 손에 들려 너덜너덜해진 다음에야 사랑하는 이들의 품에 안길 것이다.

이천 년 전 이스라엘의 통치 세력은 자기들이 죽이려는 예수가 누구인지 알고 싶어 "당신이 유다인들의 임금이오?" 하고 물어보았다. 하지만 이 나라의 집권 세력은 자신들의 손에 맞아 죽은 농부가 어떤 존재인지 하나도 궁금하지 않을 것이다. 우리가 나서서 그가 참으로 누구였는지 묻고 답할 수밖에.

농부는 누구인가? 닭이 달걀, 닭의 알을 낳듯 농부는 쌀알을 낳아주는 고마운 사람이다. 알을 꼭꼭 씹어 먹으면 놀랍게도 살이 된다. 쌀, 살, 알, 세 낱말이 엇비슷한 것은 이런 연유다. 자고로 농부란 겨레의 어머니시다. 농부가 낳아주시는 쌀알로 아이들이 무럭무럭 자라나고 우리는 새 기운을 얻는다. 농부, 이 어마어마한 이름을 예수는 하느님께 드렸다. "나의 아버지는 농부이시다."요한복음 15, 1 그러므로 그날 물대포가 집요하게 쫓아다니며 타격했던 대상은 한낱 농사꾼이 아니었다. 우리를 모시고, 살리고, 키워주던 신적 존재였다.

성경은 예수가 죽던 날, 땅이 흔들리고 바위들이 갈라졌다고 기록하고 있다. 백남기가 죽은 몸이나 다름없게 되자, 우리가 알지 못하던 지진이 줄곧 이어지고 있다. 전문가들은 지나간 충격의 여진인지 앞으로 닥칠 재앙의 전조인지 따지느라 전전긍긍한다마는, 그전에 절대로 없어져서는 안 될 사람들을 없애버린 저 잔혹한 범죄에 대한 하늘의 경고라는 점부터 알아들어야 할 것이다.

예수가 세례를 받던 순간, 하늘이 활짝 열렸다. 성경의 개천절이라고 부를 만한 그날, 하늘로부터 이런 소식이 들려왔다. "너는 내가 사랑하는 아들, 내 마음에 드는 아들!" 마르코복음 1, 11 개천절은 우리 서로 이런 소리를 들려주는 기쁜 날이어야 한다. 그런데 누구보다 먼저 그런 인사를 받으셔야 할, 죽는 날까지 옆구리에서 쌀알을 쏟아주시던 농부는 싸늘한 시신으로 누워 있고, 제 혈육과 나눠 먹지 않는 쌀은 산더미처럼 쌓인 채 몇 년째 썩어가고 있다. 하느님도, 하늘도 다 죽여 놓고 이 나라는 이렇게 개천절을 맞는다.

___2016. 10. 1.

하와야, 하와야
어디에 있니?

성경에는 신이 남자 먼저, 그다음 여자를 지어낸 것으로 나와 있지만 입에서 입으로 전해지는 이야기에 따르면 아담보다 하와가 먼저 세상에 나왔다고 한다. 여자 혼자서는 적막강산이었다. 그래서 창조주께서 짐승들을 친구로 만들어주었는데 여전히 따분하고 외로웠다. 참다못한 하와는 하느님 닮은 남자를 만들어달라고 졸랐다. 그러잖아도 "혼자 있는 것이 좋지 않으니 그에게 알맞은 협력자를 만들어주리라." 생각하던 신은 여자에게 한 가지 조건을 제시했다. 절대로 남자에게 네가 먼저 창조되었다는 말만 하지 말라는 것. 남자의 자존심이 상할 수도 있을 테니까. 그러면서 덧붙이기를 "쉿, 이건 우리… 여자들만 아는 비밀"
이라고 했단다. 그래서 그런지 미켈란젤로의 작품 '아담의
창조'에서 아담은 아직 잠에서 덜 깨어난 듯 몽롱한 표정
인 반면, 하와는 하느님의 왼팔에 안긴 채 남자의 출현을
도도한 눈빛으로 바라보고 있다.

　순서야 어찌 되었든 여자는 "사람의 거들 짝"이다. 그렇
다고 오해하지 말기를. 성경에서 말하는 거들 짝이란 커피,
카피를 지원하는 단순 보조가 아니라 '신적 조력' 즉 절대
자의 보호와 도움을 드러내는 자를 의미한다. 제아무리 강
하고 잘났어도 여자에게 의지하고 싶어 하는 남자의 성향
을 감안하면 어머니와 아내는 말할 것도 없고 손위든 아래
든 모든 누이는 사람에게 하늘의 어루만짐을 경험하게 해
주는 특별한 존재가 틀림없다. 2012년 12월 여성 대통령
이 나라의 거들 짝으로 나타나자 적잖은 사람이 환호했다.

　여자가 먼저였던 게 사실이었던 모양이다. 창세기가 전
하는 범죄 설화에서 관찰하고 판단하고 결론을 내리는 등
주도권을 행사한 쪽은 하와였다. 문제의 뱀도 남자를 제치

고 여자에게 말을 건넸다. 그리고 여자는 남자의 존재를 거의 의식하지 않고 서슴없이 대화에 응했다. 먹어서 안 되는 열매를 탐스럽게 바라본 것도 여자의 눈, 겁 없이 뚝 따서 건네준 것도 여자의 손이었다. 그렇다고 성경이 남자의 책임을 가볍게 여긴 적은 한 번도 없다.

죄지은 남자와 여자가 나무 사이에 숨자 하느님이 "사람"을 찾았다. "너 어디 있느냐?" 불쑥 남자가 대답한다. 마치 하느님이 인정하는 사람이란 뱀도, 여자도 아니고 오로지 자신이라는 점을 강조하려는 듯이. (이러면 참 곤란한데) 창세기는 고집스레 사람과 남자를 동의어로 사용한다. 어찌하여 이런 일을 저질렀느냐는 하느님의 추궁에 '사람'이 늘어놓은 변명은 어처구니가 없다. "당신께서 저와 함께 살라고 주신 여자 때문에 먹었습니다." 당신 탓이 반, 저 여자 탓이 반이라며 발뺌한 것이다. "그러면 너는 어째서 이런 일을 저질렀느냐?"는 물음에 여자는 "뱀이 저를 꾀어서 제가 따 먹었나이다." 하였다. 그러고 보면 '패스'와 '디스'의 뿌리가 실로 깊다. 묻고 답하는 일은 여기서 딱 멈춘다. 뱀에게는 너 왜 그랬느냐, 하지 않으셨다. 그건 사람에게

만 해당하는 질문이니까.

인간은 그 일로 동산에서 쫓겨났다. 히느님은 더 이상 자신과의 동거를 허락하지 않았다. 이 순간 거저 누리던 자격과 권위를 박탈당하는 게 얼마나 끔찍한 사태인지 그 상실과 충격을 낱낱이 보여주는 불행한 한 사람을 떠올리지 않을 수 없다. 아담처럼 하와와 더불어 혼란과 공포를 나누지도 못하고, "과거 어려움을 겪을 때 도와준 인연"마저 멀리 도망가 숨는 바람에 독수공방이 되었으니 그 신세 참 가련하다.

신은 어째서 그토록 가혹한 처분을 내렸을까. 그 심정을 모를 바 아니다. "저 한 그루만은 내 몫으로 남겨다오!" 신신당부했는데도 덜컥 거기까지 손을 댔으니 오죽 서운하고 야속했으랴. 하지만 다 털어간 것도 아니고 딱 두 개를 덜어냈을 뿐이지 않은가. 현대 신학은 신의 상심이란 사람이 뱀에게 자신의 주권을 무단으로 양도해버린 바로 그 사실에 있음을 지적하고 있다. 만일 사람이 주인 된 자로서 스스로 낙원을 경영했다면 그때의 지위와 권한은 여전했을지 모른다. 제가 알아서 못 하고 이래라저래라 하자는 대로 꼭두각시가 되어 움직일 때 그 파국이란 결코 간단하지 않다는 게 첫 범죄 설화의 요지다.

의문의 51.6퍼센트로 아버지의 자리에 올라섰던 딸이 아버지의 바로 그 '10·26' 직전에 고꾸라지는 장면을 보면서 소름이 돋았다.* 역사의 경륜에는 이토록 빈틈이 없는가! 그런데 이 모든 사태가 "당신께서 저와 함께 살라고 주신 여자"창세기 3, 12의 무능과 탐욕 이전에 근본적으로는 허수아비에게 들판을 맡겨놓고 방치해버린 우리 게으름의 탓이라면 어째야겠는가. 지난 4년의 파농을 수습하고 내년을 준비하자면 당장에라도 논과 밭의 경작권을 되찾음이 마땅하다. 돼지에게는 진주를 던져주면서 서로에게 거들 짝이 돼주지 못했던 무정한 나날들이 새삼 부끄럽다.

___2016. 10. 29.

* 2016년 10월 24일 JTBC는 최순실 씨가 대통령 연설문을 사전에 수정한 사실을 특종 보도한다. 다음날 박근혜 대통령이 직접 대국민 담화를 하지만 국민들의 분노는 더욱 커진다. 전국에서 촛불시위가 일어나고 이듬해인 2017년 3월 10일 헌법재판소가 탄핵을 인용함으로써 대통령직에서 파면된다. 2012년 선거 당시 새누리당 박근혜 후보의 득표율은 51.55퍼센트였다.

초 한 자루의 덕성

"가보세 가보세, 을미적 을미적, 병신 되면 못 가리." 한낱 음풍농월이 아니었다. 일생일대의 비장한 출사표였다. 짚둥우리나 태워보자고 나서는 게 아니라, 먼저 군수 목을 매달고 무기고를 점령해서 무장을 한 다음, 전주 감영을 들이치고 그 여세로 한양으로 쳐들어가 조정을 뒤집어엎자는 역모의 개시였기 때문이다. "이름을 적는다는 것은 나는 이렇게 죽기로 했다고 세상에 알리는 것이오. (…) 혼자만 죽고 마는 것이 아니고 내 가족과 외족, 처족까지 삼족이 멸문지화를 당하는 일입니다. 마지막으로 한 번 더 말합니다. 이름을 적을 때는 잘 생각해서 후회 없도록 하시오."*

* 『녹두장군』, 송기숙, 시대의창.

1893년 11월 사발통문에 이름을 올리던 농민들의 심정은 슬프면서도 씩씩했다.

병신년 들어 벌써 다섯 번째 사발통문이다. 바로 오늘. 전라도와 경상도로부터 트랙터와 트럭을 몰고 열 이틀째 서울로 진격 중인 농민들이 드디어 청와대 앞에 집결한다.[*] 거기서 우리는 폭정에 맞서 일어섰던 전봉준과 농민군의 눈부신 부활을 목격하게 될 것이다. 갑오년과 달리 집을 나서는 발걸음마다 유쾌하고 가벼울 테다. 국정 농단, 농정 파탄을 징치하려는 농민들이 이번에는 거뜬히 통한의 우금치를 넘어섰다. 겁내거나 주저할 이유가 없다. 처자권속 다 거느리고 빠짐없이 나오시라. 죽창 대신 초 한 자루가 무장의 전부인 농민들 곁으로 그저 한 뼘의 빛과 함께 모이시라.

하얀 초 한 자루가 대체 무엇이기에 전 세계를 뜨겁게 감동시키며, 철옹성의 독재자마저 벌벌 떨게 만드는가? "그 작은 힘으로는 어둠을 이길 수 없고, 그 여린 불꽃으로는 바람에 맞설 수 없다"[박노해]는 사실이야 촛불 스스로 알지 않는가. 하지만 초는 결코 간단한 사물이 아니다. "초는 제자리에 서서 하느님을 받들며 기도하는 영혼의 표상이다. 조촐하고 반듯하게 대령하고 서 있는 모습. 말없이 온몸을 태워 따뜻하고 눈 부신 빛으로 세상을 어루만지는 모습은 가히 예수님의 표상이라 할 만하다."로마노 과르디니* 어떤가? 초 한 자루의 덕성만으로도 사람은 능히 성인의 반열에 들 수 있다.

촛불에 대한 생각을 한층 단단하게 만들 때가 왔다. 초 한 자루가 불의에 맞서는 비무장 시민들의 유일한 압박 수단이라서 그렇다. 촛불은 안으로는 자기 욕망을 태워 없애고, 밖으로는 어둠을 비춘다. 조심하자. 안에서 시작하여 밖을 향하는 순서를 어기면 이겨도 이긴 게 아니다. 탐진치 삼독을 탐닉하고 그저 겉꾸미는 일에만 몰두하다 졸지에 고꾸라진 자가 어찌 그 사람 하나뿐이겠는가? 한 뼘 남짓한 짧은 몸을 녹여서 힘껏 어둠을 몰아내는 저 갸륵한 물건을 마주하고 앉으면 제 그림자를 따라 함께 움직이는 누군가를 발견하게 될 것이다. 우선 익숙한 그의 얼굴을 정직하게 대면한 다음 쫓아버릴 것들을 단박에 쫓아내자.

* 이탈리아 출신의 사제이자 작가.

그나저나 낙원에서 퇴출당한 첫 인간은 어떻게 되었을까? 창세기는 아담이 그 후로 하느님을 닮은 아들딸을 여럿 두고 장장 구백삼십 년이나 살았다고 전한다. 성경을 통틀어 최장수 기록이다. 땅을 일구고 살아야 했지만 괴롭거나 슬프지 않았다는 암시다. 죄 덕분에(!) 비로소 사람일 수 있었다는 뜻밖의 해석도 있다. 사실 그날의 헛손질은 사람으로서 자유를 행사한 첫 경험이었다. 만일 계명을 어겨 죽음의 나락에 떨어지는 일이 없었다면 어땠을까? 아담과 하와는 여태껏 그저 즐거울 뿐 자신들에게 주어진 엄청난 가능성을 까맣게 몰랐을 것이다. 사람은 양심과 자유를 위해 복락을 누리는 동산을 떠나기로 했고 하느님은 이를 인정하였다. 이것이 인류 역사다.

당장은 실책이 뼈아프고, 저지른 죄가 무서울 것이다. 하지만 시간이 흐르고 나면 아무 장애도 못 된다. 오히려 그것들은 사람이 누구인지, 사랑이 어떤 것인지 깨치는 데 도움을 줄 것이다. 대통령이 "내가 뭘 잘못했는데요?"라고 했다지만 그도 인간인데 어찌 죄과가 부끄럽지 않겠는가. 사람을 믿고 다독거리고 싶다. 어차피 지날 과過는 허물 과過, 누구에게나 지나간 시간은 허물이게 마련이다. 하느님의 아들을 죽인 죄를 두고 "오 복된 탓이여!" 하며 노래 부른다면 미쳤다고 할 테지만 그것이 성경의 생각이다. 오늘은 재앙이지만 내일에는 얼마든지 상서로운 일로 바뀔 수 있다. 오죽했으면 복 상祥자가 재앙 상祥자이기도 할까. 부디 오늘 저녁만큼은 이백만 촛불의 함성에 놀라지 않기 바란다. 죄에 빠진 사람을 건져내려는 구원의 합창이니 촛불 하나만 들고 나오면 당신이 그토록 사랑한다는 대한민국과 함께 노래도 부르고 춤도 출 수 있다. 용기를 내시도록 기도한다.

___2016. 11. 26.

그러므로 크리스마스

올해도 캐럴이 들리지 않는다. 차라리 잘됐다고 생각한다. 그날이 다시 왔으니 놀아보자, 마셔보자, 흥청대던 때보다 경건하고 아름다웠던 성인의 삶을 반추하며 고요에 젖을 수 있는 지금이 더 낫다. 함부로 "기쁘다, 구주 오셨네!" 할 일도 아니다. 서력기원의 주인공이 된 분의 삶이 너무나 고단했고, 사랑에 관한 그의 생각 또한 너무나 급진적이어서 받아들이기 쉽지 않으니 말이다. 생각해보라. 마구간에서 시작하여 교수대 위에서 끝나버릴 자에게 '메리' 혹은 '해피'라며 환영 인사를 건네다니 미안하지도 않은가. 예수는 종종 "나에게는 머리 둘 곳조차 없다"며 안타까워했다. 그의 신세만 처량했던 것은 아니었다. 식민 소국의 어둑한 겨울밤에 태어난 아이들은 예외 없이 불운했다.

그렇다고 풀 죽어 지낸 일 없이 "오늘도 내일도 내 길을 갈 뿐"이라며 참혹하게 부서져 가는 세상에서도 거뜬히 인간의 기개를 보여주었던 예수. 모름지기 종교 사상은 엄청난 불안과 공포 그리고 새카만 어둠이 지배하던 시대를 못자리 삼아 싹 틔웠다. 지난여름 원불교 백 주년에 맞춤하게 출간된 『소태산 평전』을 읽으며 새삼 깨달았다. 불법 무도의 불인한 시대가 오히려 위대한 성자를 잉태하는 최적의 조건이라는 사실을.

1세기에는 신의 아들, 신이 보낸 신, 주님, 구세주라는 직함을 가진 자가 있었다. 누구인가? 이런 호칭들은 예수가 나기 훨씬 전에 카이사르 아우구스투스에게 속해 있었다. 그리스 로마 전통은 세상을 지배하는 불멸의 신들 외에 '신이 된 인간'들의 존재도 흔쾌히 인정하였다. 세상을 위해 비범한 봉사를 한 사람들을 그렇게 대접했다. 예를 들어 시인 호라티우스는 악티움 해전에서 거의 백 년 동안 계속된 혼란과 내전을 끝내버린 옥타비아누스를 이렇게 노래했다. "그가 신이 아니면 도대체 무엇인가? 그가 구세주가 아니면 세상에 누가 구세주란 말인가?" 정점에 올라선 황제를 신으로 승격시킨 것은 아부나 시적 과장이 아니었다. 무력으로 세계를 제패한 위업을 평화의 성취로 포장하려는 신학적 필요 때문이었다. 신들을 예배하는 자들이 신들의 도움으로 전쟁에서 승리하고, 마침내 평화를 이룩하였으니 다들 고분고분하라고 말하기 위함이었다.

이토록 지엄한 이름들을 목수 출신의 평민에게 몰아주었으니 익살인가 아니면 풍자인가. 도발이며 반역이었다. 어쩌자고 그랬을까? 원불교 대종사 소태산은 일경의 매서운 감시와 의심을 따돌리기 위해서 '천하의 농판' 행세를 하였다. "집에 들면 노복 같고/ 들에 나면 농부 같고/ 산에 가면 목동 같게" 살았으므로 가까스로 원불교의 모태인 불법연구회를 지킬 수 있었다. 하지만 엎드려 숨죽인 채 힘을 기르고 키웠으면 몸을 일으켜 구제와 자비의 수고를 감당해야 하는 법.

로마는 로마의 지배를 통한 평화, '팍스 로마나'를, 일본은 '대동아 공영'을 외쳤다. 우승열패와 강자 독식을 합리적 인간사라고 가르치는 조잡한 프로파간다는 오늘날 기업과 정부의 짬짜미를 통해서 버젓이 재현되고 반복되고 있다. 예수야말로 하느님의 아들이라고 호명했던 것은 이런 식의 '승리를 통한 평화'가 대다수를 피눈물 나게 만들며, 조만간 또 다른 전쟁과 폭력을 부르고 마는 엉터리 평화임을 폭로하는 동시에 이런 꼼수에 목숨 걸고 저항하겠다는 선전 포고나 다름없었다.

오늘 밤, 세상의 권력자들도 가난한 아기 앞에 무릎 꿇고 경배할 것이다. 그렇다고 "군대들아 칼을 녹여서 보습을, 창을 쳐서 낫으로 만들어보자. 너희 사나운 맹수들도 이기적인 육식 본능을 버리고 양과 염소와 송아지와 함께 풀을 뜯어보자. 그러면 상상도 못한 기쁨과 평안을 누리리니." 하는 거룩한 아기의 평화 구상에 선뜻 동의할 리 만무겠지만.

엊그제 "박근혜 정부의 최순실 등 민간인에 의한 국정농

단 의혹 사건 진상규명을 위한 국정조사"5차 청문회가 있었다. 청와대 정무수석의 능청스러운 얼굴을 보다가 문득 특권과 독점을 즐기던 예루살렘 고관대작들이 장차 새 임금이 될 아기가 태어났다는 소식을 듣고 극도의 불안에 시달렸더라는 마태오 복음이 떠올랐다. 임금 자리를 잃게 된 임금은 그 아기를 죽이려고 또래 아기들을 다 죽였다. "너희는 절대로 희망하지 말거라!" 하는 끔찍한 겁박이었다. 자식을 잃은 어머니들은 통곡했다. 이런 슬픈 사연 때문인지 윤종신은 '그래도 크리스마스'라고 노래하고 있다. 맞다. 그래도 크리스마스. 성탄은 썩은 그루터기에서 그것도 한겨울 밤에 새순 하나가 슬며시 움튼 사건이었으니. 그토록 무참히 짓밟아버렸지만 '그래도' 꺾이지 않았으니 말이다.[*]

   그런데 올해만큼은 '그래도' 하는 위안보다 '그러므로 크리스마스'라고 해야 할 듯싶다. 주말마다 빛들이 또 다른 빛들을 만나 신나게 세상을 비추는 사상 초유의 성탄 전야가 이어지고 있어서 그렇다. 아무리 "모른다"고 잡아떼도, "결코 그런 적이 없다"고 우겨봤자 헛수고. 우리는 진작 알고 있었다. 매서운 겨울은 이제 막 시작되었지만 밤

---

[*] 2016년 12월 22일 자정까지 진행된 이날 청문회는 대부분 의혹을 부정하면서 소득 없이 끝났다. 12월 6일 시작한 청문회는 이듬해 1월 9일까지 총 7차에 걸쳐 진행되었다.

은 벌써 짧아지기 시작하였음을. 성탄은 언제나 동지 그다음에 온다. 그러므로 크리스마스, 메리 크리스마스!

_2016. 12. 24.

3부

촛불

2017.1.20. - 2017.8.11.

새해 촛불 많이 드십시오

마음으로 설을 준비하자. 새해를 맞았으면 "안락하라/ 큰 것이나 작은 것이나/ 강한 것이나 약한 것이나/ 태어난 것들이나 태어날 것들이나/ 모두 태평하라"^{숫파니파타*}고 인사하자. 그런데 돈과 권력, 약물에 취해 흥청망청 갈지자를 그리다가 졸지에 망신살이 뻗친 자들은 이즈음 어떤 말을 소곤거리고 있을지 궁금하다. 혹시 이러려나? "새해라! 새해에 할 일이 무엇인가? 도대체 새해가 있나? 없다. 새해란 신화뿐이다. (…) 우러러 하늘을 보자. 거기 새해가 있던가? 없다. 하늘도 늘 퍼런 그 하늘뿐이요, 해도 억만년 그 빛대로 뻘건 그 해뿐이지 다름이 없다."^{함석헌}

* 초기 불교 경전.

앞날에 대한 불안과 원망이 사무쳐 새해는 뭔 놈의 새해냐고 푸념할는지 모르겠다. 하지만 조금 전의 탄식은 사시사철 진자리에서 뒹구는 무지렁이 백성들의 누천년 한숨소리였지, "아무도 내 비행을 못 보았다. 나는 죄 받지 않으리라", 주문을 외면서 "잠자리에서조차 못된 일을 궁리하고 악을 꺼리지 않는 자들"^{시편 36, 5}의 비분강개는 결코 아니었다.

이게 얼마 만인가. 모처럼 설레는 마음으로 새해 인사를 나눌 수 있게 되어 감개무량하다. "저놈의 해는 언제나 꺼지느냐 나나 너나 한 가지 없어지자꾸나." 하던 지루하고 역겨운 시절은 지나가고 있는 걸까? 하마터면 김칫국물 한 모금 정도야 마실 때가 되잖았느냐며 허리띠를 풀 뻔하였다. 구치소에서 몇 시간 서성거리다 아무렇지도 않게 집으로 돌아가던 제3대 삼성 총수 이재용의 유유자적한 얼굴만 아니었다면 말이다. 방심은 금물. 조심하고 또 조심하는 게 상책이다.

옛사람은 세 가지만 쥐고[操] 있으면 새해가 복되다고 생각했다. 몸을 붙드는 체조, 맘을 붙드는 정조, 뜻을 붙드는 지조. 꼭 쥐고 꽉 잡고 놓치지 말아야 사람은 꼿꼿할 수 있다. 몸 꼿꼿, 맘 꼿꼿, 뜻 꼿꼿, 이것이 세 가지 조심이다. 조심하면 몸 성하고, 맘 편하고, 영혼이 뜨겁게 타오른다. 그런데 올해는 붙들고 놓지 말아야 할 덕목 하나를 더 보태야겠다. 촛불이다.

대관절 그 가냘픈 물건이 무엇이관데? 그것은 "가만 있지 않겠다와 더 이상 가만두지 않겠다는 뼈저린 다짐이다. 기울어가는 배에서 가만히 있으라는 불의한 명령을 응징하기 위해서다. 내가 든 촛불은 불의와 탐욕과 거짓이 일용할 양식인 자들에게, 더 이상 우리의 주권을 맡기지 않겠다는 명예 선언이다."* 그렇다면 언제까지 들고 서 있어야 한단 말인가? 정답은 될 때까지다. '이만하면 됐겠지'는 큰일 날 소리다. 시인은 말한다. 우리가 도로 가만히 있게 되면 그들 또한 자리에 가만히 앉아서 천만년 저질러온 해악을 되풀이할 것이라고.

"있어요, 없어요?"를 열여덟 번이나 반복한 끝에 "예술

* 「여기가 광화문이다」, 김해자.

인들의 지원을 배제하는 그런 명단은 있었던 것으로 판단이 되고 있습니다"는 이상야릇한 대답을 들을 수 있었다. "있다!"고 하면 그만인 것을 "있었던 것으로 판단이 되고 있습니다"는 식으로 배배 꽈서 말하느라 장관의 입술은 그날 수고가 많았다. 엊그제 삼성전자 부회장 이재용의 영장 청구를 기각하던 판사의 손끝도 다시 떨렸다. 구불구불 주절주절 이러저러하므로 "현 단계에서 구속의 사유와 필요성, 타당성을 인정하기 어렵다"고 하였다. 자전거 한 대만 훔쳐도 즉각 구속, 실형 집행인데 "법리상 다툼의 여지가 충분하다"니 이게 웬 뚱딴지같은 소리인가. 있다고도 못하고, 없다고도 할 수가 없어 진땀만 빼는 영리한 자들의 진퇴양난이 애처롭다. 시중에는 "개돼지 잡는 칼로 어찌 지체 높은 양반을 잡을 수 있으랴"는 소리가 나돌고 있다.[*]

차라리 잘됐다고 생각한다. 촛불을 내려놓을 수 없는 이유와 영속불변의 절대 권력자가 누구인지 새삼 분명해졌기 때문이다. 자, 끝낼 것 끝내서 올 것이 오게 하자. 하룻밤 사이에 천불천탑을 세워 기어코 새 세상을 보자던 노비들의 이야기부터 되살려보자. 새 도읍을 세운다는 소리를

---

[*] 2017년 1월 19일 뇌물 공여 등 혐의를 받은 이재용 삼성전자 부회장에 대한 사전 구속 영장이 법원에서 기각된다. 그러나 다음 달 2월 17일 보강 수사를 통해 청구한 영장이 발부되면서 구속, 1년 후인 2018년 2월 5일 집행 유예로 석방된다.

듣고 월출산, 대둔산, 완도, 진도, 저 멀리 추자도의 바위들까지 저마다 미륵이 되기 위해 운주사 골짜기로 몰려들었다. 영차, 영차 힘 모아 구백아흔아홉 개를 세웠다. 드디어 마지막 불상을 일으켜 세울 참인데 누군가 "닭이 울었다!"고 외쳤다. 방해꾼이었다. 그 바람에 사람들은 지레 힘을 잃고 털썩 주저앉았다. 아뿔싸 새 나라, 새 도읍은 오다 말고 물러갔다. 그런데 그날 누운 채 그대로 여태껏 와불로 계시는 그이는 누구실까?

정유년은 아직이다. 입춘에 시작한다. 닭의 해, 꼬끼오 하는 소리가 마지막 하나를 세우지 못하는 바람에 땅을 치는 통곡이 아니라, 개벽을 알리는 문경聞慶의 외침이기를 바라는가. 그렇다면 모여라. "촛불이 이긴다. 촛불이 길이다."^{나눔문화} 새해 촛불 많이 드십시오!

— 2017. 1. 20.

일어설 것 일어서고,
자랄 것 자라나는 오늘

백 년 전 농민들은 참 불쌍했다. 기본 소작료 5할을 지주에게 바치고 비료, 종잣값에다 물세 따위의 각종 공과금까지 내고 나면 식구들 먹일 몫은 전체 수확량의 3할이 채 못 되었다. 1, 2할이 고작인 경우도 흔했다. 땅 없는 설움은 나라 빼앗기고 더 심해졌다. 총독부가 소작 기한을 1년으로 정해버렸기 때문이다. 오늘날 비정규 계약직의 뿌리가 여기에 있다. 여간해서 소작 떼이는 일이 없던 농민들은 당황했다. 그러나 토착 지주들은 이런 변화가 반가웠다. 거슬리는 작인들을 골탕먹일 합법적 수단이 생겼기 때문이다. 한편 일본 식민들은 엘도라도라도 만난 듯 환호했다.

조선 농토는 일본에 비해 십 분의 일에서 삼십 분의 일까지 쌌고, 소작료가 수확량의 절반을 상회하였으니 황금의 땅이나 다름없었다. 땅 사서 소작을 주면 투자 이윤이 연간 2할 3부에서 3할 1부였다니 말해서 더 무엇 하랴.

물론 농민들은 죽을 지경이었다. 풍년에도 이리저리 뜯기고 나면, 밥은 죽으로, 쌀은 잡곡으로, 그 잡곡도 만주산 조로 대신해야 했다. 그나마 떨어지지 않으면 다행. 대부분 술지게미나 쌀겨를 조금 섞고 야채나 마른 풀 잎사귀로 끓여 만든 멀건 죽으로 목숨을 이어갔다. 보릿고개 지나 칠팔 월에 이르면서부터 뗏거리를 빌려 먹는 자가 부지기수였고, 추수기에 이런 부채를 갚고 소작료 물고 나면 남는 식량이 거의 없었다. 또 꾸어 먹다 보면 도저히 갚을 수 없는 빚 때문에 딸이나 아내까지 빼앗겼다. 견디다 못한 사람은 야반도주로 깊은 산으로 들어가 화전민이 되거나, 만주나 간도로 건너가 유민이 되었다. 이상은 소설 『태백산맥』에 등장하는 서민영 선생의 실증적 설명이다.

전 인구의 8할이 농민, 농민의 8할이 소작농, 소작농의

8할이 절량농가*였으니 꾹꾹 눌러 참는다고 될 일이 아니었다. '기미년 삼월 혁명'은 "그런 악조건에서 암암리에 뭉쳐진 농민의 힘이 거국적으로 폭발한 생존 투쟁"이었다. 독립 선언문이 박힌 종이는 화염을 촉발시킨 한낱 불쏘시개에 지나지 않았다. 규모에서 전국적, 방법에서 투쟁적이었던 삼월의 봉기는 수탈의 손아귀에서 벗어나려던 농민들의 발버둥이었다. 하여 검거된 농민이 5만 3000여 명, 죽은 농민은 자그마치 8000여 명이나 되었다.

일제 강점 9년 만에 울분의 만세 소리가 솟구쳤는데, '이명박근혜' 집권 9년 만에 방방곡곡 촛불이 번졌다. 태블릿 피시 한 대가 화근(?)이었지만 이 또한 하나의 부싯돌에 지나지 않았다. 해방 이후 줄기차게 이어진 국정 농단, 즉 소수에 의한 소수를 위한 약탈 때문에 벼랑에 내몰린 민생고가 봉화의 근본 원인이다. 가계 부채는 지난해에만 141조가 늘어나 자그마치 1300조를 넘었다. 게다가 빚의 연자 맷돌을 목에 걸고 사는 가장들의 불안한 처지는 살얼음판이나 다름없다. 정규직은 쉬운 해고로 비정규직이 되고, 비정규직은 모멸과 차별 때문에 빛을 잃고 시들거린다. 백

* 양식이 떨어진 농가.

년 전 농민들의 상황과 크게 다르지 않다.

기미년을 빼닮은 정유년, 우리는 지금 생존 투쟁을 벌이고 있다. 이대로는 아이들 못 키운다. 헌법재판소의 판결이 코앞이지만 대통령의 운명은 우리 관심사가 아니다. 당장은 권력 교체가 절실하지만 우리의 목표는 시스템의 교체다. 재벌과 수구 세력의 짬짜미를 응징하고 그 동맹 관계를 해체할 방도를 마련해야 한다. 누가 집권해도 민의를 배반하도록 되어 있는 선거 제도부터 뜯어고쳐야 한다. 그 어떤 '선의'도 '민의'보다 나을 수 없다. 직접 민주제를 도입해야 한다. 그게 아니면 지난 엄동설한 광장의 함성은 말짱 헛수고다. 정당이 얻은 표만큼 의석을 배분하는 연동형 비례 대표제가 훌륭한 대안이다.

대한 독립 만세! 분노의 함성이 팔도를 뒤덮자 일제뿐 아니라 프랑스 선교사들도 깜짝 놀랐다고 한다. 조선 사람 만만하게 보았다가 큰코다치겠다는 생각이 들었는지 제8대 천주교 조선 교구장 뮈텔 대주교는 전국 모든 성당에 교서를 보냈다. 신부들의 행동거지, 특히 언어 예절을 새

문화의 추세에 맞추라는 지시였다. 즉각 '해라' '하게' 등의 반말투를 버리라는 엄명에 양반들의 언사를 익혀 낮춤말만 쓰던 신부들은 어리둥절하였다. 삼일 혁명은 이처럼 민주 공화제를 표방한 임시정부의 수립, 대대적인 소작 쟁의 말고도 삶의 전반에 걸쳐 엄청난 변화를 불러일으켰다.

겨우내 사방팔방 흩어진 채로 어둠 밝히던 촛불들이 삼일절을 앞둔 오늘 서울에 모인다.* 볼만할 것이다. 귀신도 모르게 새싹 움트듯, 일어설 것들 일어나고 자랄 것들 자라나는 광경이니 오죽 대단하겠는가. 그나저나 대대손손 농단을 이어온 자들이 지난겨울 우르르 일어섰던 촛불들을 보고 놀라기는 했을까.

___2017. 2. 25.

---

* 2017년 2월 25일 오후 광화문 광장에서는 대통령 탄핵을 요구하는 시민들의 촛불 집회가 열린다. 그리고 다음 달인 3월 10일 오전 11시 21분 헌법재판소는 재판관 8인의 전원 찬성으로 대통령 파면을 결정한다.

하와는 퇴장,
마리아는 등장

　"어쩌다 생겨나서, 실없이 살다가, 시시하게 끝나는 게 인생"이라고 하면 서운할 게다. 하지만 사실이 그렇다. 경전들은 우리 삶의 허무한 실상을 애써 감추거나 적당하게 감싸지 않는다. 너나 나나 "잠깐 나타났다 사라져버리는 한 줄기 연기일 따름"^{야고보서 4, 14}이라고. 아침에 피어서 푸르렀다가 저녁이면 시들고 말라버리는 신세이니 아무리 잘났어도 자랑하지 말라고 타이른다. 아침마다 남의 손을 빌려 머리를 말아 올리느라 정신없던 저 팽팽하고 화사한 얼굴도 예외는 아니다. 그의 삶도 결국은 "풀과 같고, 그의 모든 영광은 풀꽃"^{베드로1서 1, 24}에 지나지 않는다. 가만히 읊

어보라. "인생은 기껏해야 칠십 년/ 근력이 좋아서야 팔십 년/ 그나마 거의가 고생과 슬픔이오니 덧없이 지나가고/ 우리는 나는 듯 가버리나이다."^{시편 89, 10} 천년을 다 살아보지 않아도 누천년 역시 한 토막 밤과도 비슷하리라는 짐작은 누구나 할 수 있을 터, 그러니 짧디짧은 금생을 어찌 살아야 하겠는가.

겨울을 이기지 못하고 말라죽은 가지들이 있다. 솎아내야지 사정을 봐줄 순 없다. 착한 농부는 "너는 이 봄을 누리지 못하는구나." 하는 인사를 잊지 않는다. 우리에게도 먼 길 떠나는 날이 없지 않을 테니 그 정도 인사는 마땅하다면서. 권력을 쥐고 권력을, 금력을 가지고 금력을 키우던 자들이 줄을 서서 감옥행을 기다리고 있다. 대대적인 민폐와 끔찍한 불행 말고는 기억에 남는 게 없는 그들이지만 다음 생에서는 새롭게 만나기를 빈다. 어디서 지내든 부디 오래오래 "어쩌다 생겨나서/ 실없이 살다가/ 시시하게 끝내버린 삶"을 돌아보며 가슴 치길 바란다.

성경은 인생의 덧없음에 대해서는 거듭 탄식하면서도

'인간'에 대해서만큼은 가없는 연민과 존중을 드러내고 있다. 흙에서 왔으므로 먼지로 돌아갈 존재를 향해 이렇게 말한다. "인간이 무엇이기에 그를 기억해주십니까? 사람이 무엇이기에 그를 돌보아주십니까? 천사들보다 잠깐 낮추셨다가 영광과 존귀의 관을 씌워 주시고 만물을 그의 발아래 두셨습니다." ^{시편 8, 5} 불면 날아갈까 쥐면 꺼질까, 하느님은 사람을 금지옥엽으로 대하신다는 말씀인데 사람이 정말 귀할까? 창세기는 하느님이 "우리와 비슷하게 우리 모습으로 사람을 만들자"고 한 일을 근거로 들며 그렇다고 말한다. 여기서 '우리와 비슷하게', '우리 모습으로'라는 표현은 사람의 겉모습만 그렇다는 게 아니다. 히브리어 본문의 단어 하나하나를 짚어보면 신의 형상은 신 자신을 가리키고, "신과 비슷하게"란 생명의 근원인 신의 피를 가졌다는 의미이다. 고로 사람은 조만간 부스러질 진흙이 아니라, 하느님의 살아 있는 얼굴이어야 한다. "사람은 사람 그 이상"이라는 게 모든 경전의 공통된 생각이다. 이를 망령된 사상이라며 대놓고 구박할 자는 없겠으나 천민^{天民}을 천민^{賤民}으로, 인내천^{人乃天}을 인내천^{人乃賤}으로 알아듣는 자가 적지 않다. 사람을 사람으로 보지도, 사람으로 대하고 싶지도 않은 자들이 높은 자리에 올라설 때마다 어른들은 더 많이 쫓겨났고, 아이들은 영영 돌아오지 않았다.

인간의 탄생에 대한 또 다른 이야기. 오늘이 예수가 어머니 배 속에 점지된 바로 그날이란다. 태어난 날이 12월 25일이니 열 달을 되짚으면 3월 25일이 된다. 많은 화가들이 성경이 전해준 그날의 풍경을 그렸다. 프라 안젤리코의 '성모영보聖母領報'가 대표적이다. 천사가 아기의 탄생에 대해서 예고하자 마리아는 어렵게 수락한다. 왼쪽 상단에서 쏟아져 내리는 빛줄기가 처녀의 가슴을 비춘다. 그 빛 가운데로 비둘기가 내려오는데 신령한 기운에 의해서 아기의 잉태가 가능했다는 점을 알려주려는 것이다. 줄 위에는 또 다른 새, 제비가 앉아 있다. 제비 한 마리를 보고 봄날의 도래를 아는 것처럼 한 인간의 탄생을 보면서 이제 구원의 새날이 밝아왔음을 알아차리라는 재촉인 셈이다.

그런데 옛날 사람들은 성모영보가 있던 날을 아담과 하와가 죄를 짓고 쫓겨나던 바로 그날과 같다고 보았다. 그런 이유로 그림 속에 그들도 나온다. 그림 왼편, 꽃과 나무

김인국 칼럼집

가 만발한 정원에는 첫 남자와 여자가 죄를 짓고 동산 밖으로 쫓겨나는 장면이 그려져 있다. 성모영보는 한 사람으로 말미암아 죄악이 세상에 들어왔지만, 한 사람 덕분에 구원이 왔다는 사실을 전하노니 시름 걷고 환한 마음과 넘치는 생기를 되찾으라는 복된 격려였다.

죄 많은 이가 권좌에서 내려오자 천 날 넘도록 물속에 가라앉았던 세월호가 갑자기 떠올랐다.* 마치 언 땅 뚫고 올라오는 새싹처럼. 보낼 자들은 멀리 떠나보내고 천지에 돋아나는 아이들을 맞이하며 손 들어 인사하자. "어서 오라고. 잘 왔다고. 같아 살아보자고. 비바람 가뭄 뙤약볕을 함께 겪으면서 지내보자고"^{이철수}.

___2017. 3. 25.

---

* 2017년 3월 23일 새벽, 침몰 1073일 만에 세월호가 수면 위로 떠오른다. 박근혜 대통령이 탄핵된 지 13일 만이다.

우리가 뽑거나
우리가 뽑히거나

먼 나라에서 벌어지는 남의 일이지만 교황 선출은 매번 세계인의 이목을 사로잡는 월드 뉴스다. 투표용지 상단을 살펴보니 "나는 이 사람을 교황으로 뽑는다"는 글귀가 적혀 있고, 그 아래에 원하는 이름을 쓰도록 되어 있다. 교황 선거에 참여할 자격을 행사하는 120명 남짓한 추기경들은 두 번 접은 투표용지를 머리 위로 치켜들고 제대 앞으로 나가 한 사람 한 사람 이렇게 외친다. "나는 하느님 앞에서, 교황으로 선출되어 마땅한 이에게 투표합니다. 이에 대한 나의 증인은 주 그리스도이십니다." 맹세를 마치자마자 벽면 전체를 메운 미켈란젤로의 대작 '최후의 심판'을 바라

김인국 칼럼집

보게 되어 있다. 금번의 선택이 나의 양심과 하느님의 뜻에 따른 결과임을 최후의 심판자이신 분께서 보증해주시리라. 만일 그렇지 않고 사심으로 투표했을 경우 그 책임에다 함부로 심판자의 이름을 들먹인 죄까지 합쳐서 영벌을 감수하겠노라는 약속이다. 아, 누군가를 뽑아 세우는 일이 이렇게 엄청난 책임을 부르는 일이라면 차라리 기권하는 편이 낫겠다.

아닌 게 아니라 사람을 뽑는 일이 갈수록 무섭다. 옳게 뽑아놓지 않으면 그가 우리를 통째로 뿌리 뽑아놓는다는 사실을 연거푸 겪어서 그럴지 모른다. 2012년 12월 대선 직후 일주일 만에 세 명의 노동자가 자진해서 세상을 떠났다. 정리 해고와 노조 탄압으로, 그리고 비정규직 차별에 시달리던 노동자들의 '절망 자살'이었다. 억지로 견뎌낸 5년도 끔찍했는데, 다시 더 5년을 당해야 한다니 앞길이 캄캄해진 약자들은 자기도 모르게 빈 하늘에 몸을 맡겼을 것이다. 출범하기도 전에 세 노동자들의 죽음을 불렀던 지난 정부는 한 농민의 목숨을 빼앗아놓고 막을 내렸다. 그 중간에 아주 천천히 기울어가는 세월호에서 삼백네 명이 어이없는 죽음을 맞았다.

보름 남짓 후 대통령 선출을 위한 선거를 치른다.* 여느 때와 다른 마음으로 인주의 붉은빛에서 피비린내를 맡아 보자. 시민들의 줄기찬 항의로 이루어진 탄핵, 그래서 만들어진 '촛불 대선'이다만 투표지에는 촛농이 아니라 슬프게 떠나간 사람들의 더운 피가 묻어 있다. 내가 뽑고, 내가 갈아치우며, 내가 새로 뽑을 수 있기까지 얼마나 많은 사람이 피를 흘려주었던가. 목석이 아닌 바에야 붉은 인주의 비릿한 내력을 모르지 않을 것이다. 그렇다면 지난날 다짜고짜 뽑던 대로만 뽑았던 각자의 관성을 돌아보며 한 번이라도 가슴을 쳐야 마땅하다.

벚꽃 대선이라더니 허공을 찬란하게 들어 올리던 흰 꽃들이 지고 나자 이제 장미 대선을 운운하고 있다. 왠지 언짢다. "꺼지기 전 잠깐 더 밝은 빛을 내고 사라지는 촛불처럼 이제 흰 꽃의 흔적은 어디에도 없다"고영민는 걸 알게 된 수구 정당들은 공연히 안보 불안과 위기 심리를 자극해서 선거판을 휘젓고 있다. 그 바람에 정권 교체와 대대적인

---

* 2017년 12월 20일 예정이던 제19대 대통령 선거는 대통령 탄핵 소추안 가결로 5월 9일 치러진다.

김인국 칼럼집

적폐 청산을 외치던 촛불 민심은 설 자리를 잃었고, 옹졸한 야당들은 애오라지 '안보 우클릭' 경쟁을 벌이느라 정신이 없다. 평화로운 촛불들은 정신 미약 상태의 구태의연한 정치 모리배들과 결별하겠다고 작심한 지 오래인데 말이다.

촛불의 시간을 무시했던 사람들은 까맣게 모를 것이다. 지금은 '나물'이 '나무'가 되는 시간이라는 사실을. 여린 나물이던 시절에는 이놈 저놈 아무나 뜯어서 날로 먹고 데쳐 먹고 무쳐 먹을 수 있으나 나무가 되면 더 이상 그럴 수 없다. 꺾으려면 힘쓸 작정에다 가시에 찔릴 각오까지 해야 한다. 한때 나물이던 그것은 아무리 가늘어도 회초리가 되고, 웬만큼 자라면 악행을 제압하는 육모방망이가 된다. 세상을 뜨겁게 덥힐 장작도 되고, 거뜬히 우주를 떠받칠 기둥도 된다. 오랫동안 우리는 잡아 뜯는 대로 쑥쑥 뽑히고 마는, 그래서 뿔뿔이 흩어져 말라비틀어지는 비운에 갇혀 있었다. 하지만 지금은 너도나도 나무가 되어 숲을 키우고 있다.

그래서 뽑는 일은 우리의 권능이요, 대대로 힘을 쓰던 저쪽은 그만 뽑혀야 할 처지가 되었다. 자, 기왕 뽑는 거 하나만 뽑지 말고, 남김없이 뽑아주자. 평생 남의 눈물 모르고 희희낙락해온 사람들부터 차례차례 뽑아내서 더 이상 보리밭에 깜부기는 없도록 하자. 그러고도 진짜로 뽑아주고 싶은 사람이 남거든 이렇게 기도해주자. 머잖아 뽑힐 터이니 "이제부터 그에게는 두 가지 길밖에 없으리라/ 더 높은 곳을 향해 시들어가든가/ 더 낮은 곳을 향하여 뿌리 내리든가"^{박노해}

교황으로 선출된 이가 새 옷으로 갈아입기 위해 들어가는 방이 있는데 옛날부터 '눈물의 방'이라고 불린다. 죽는 날까지 온몸에 고난의 가시를 박고 지내는 신세가 되었으니 오죽 슬프랴.

_2017. 4. 22.

흰 뼈들의 환생

벌써 한 달째, 사금을 캐듯 시커먼 펄 속에서 하얀 유골을 찾고 있다. 뼛조각 하나가 발견될 때마다 미수습자 가족들은 허겁지겁 달려가고, 그 소식은 속보로 뜬다.[*] 사지육신 멀쩡하게 돌아오기는 어려울 테니 부서진 채로라도 만날 수 있기를 바라는, 이번에도 못 찾으면 어떻게 사나싶어 겁먹은 부모들의 얼굴을 볼 적마다 가슴이 미어진다. 이런 성의의 백 분의 일이라도 배 기울던 그날 기울였더라면 얼마나 좋았으랴. 불현듯 세월호 특별조사위원회를 '세금 도둑'이라고 부르며 모독하던 사람들이 떠오른다. 지금도 같은 생각일까.

[*] 2017년 4월 11일 세월호가 목포 신항에 도착하고 선체 수색 작업이 본격화된다. 이후 7개월간의 작업 끝에 미수습자 4명의 유해를 수습한다.

새로운 시절의 도래를 기다렸던 것인지 대선이 끝나자마자 돌아오지 못하던 이들이 하나둘씩 돌아오고 있다. 마지막 뼈 한 점까지 남김없이 수습되고 아홉 분 모두 귀환하시기를 간절히 기도한다. 비바람 몰아치는 3년 내내 '빌고 바랐을 뿐' 먹지도 입지도 못한 채 수만 갈래로 찢기고 부서진 부모들의 마음을 생각하면 당연히 그래야 한다.

어느 한날한시를 정해서 온 나라가 일제히 촛불 들고 엉엉 통곡하며, 아홉 분의 이름을 불러주면 좋겠다. 쇠심줄같은 권력의 외고집마저 단칼에 베어버린 촛불 함성. "너먼저 나가라", 차례를 미루다가 여태껏 남게 된 착한 영혼들의 귓전에 그 우렁찬 소리가 닿으면 가만히 있지 않을 것이다. 그러므로 이렇게 외쳐보자. "너희 마른 뼈들아, 이제 힘줄을 이어놓고 살을 붙이고 가죽을 씌우고 숨을 불어넣어 너희를 살리리라"에제키엘서 37, 6 그러면 힘줄이 생기고 살이 오르고 그 위로 살갗이 덮이지 않겠는가. 그다음 이렇게 명령하자. "너 숨아, 사방에서 달려와 이 학살된 이들 위로 불어서 살아나게 하여라." 아이들이 제 발로 일어서는 광경을 꼭 봐야 한다. 그러지 않고는 아무도 아이들을 배에 태우지 않을 테고, 바다를 무덤으로 바꿔버린 우리에게 빛나는 미래는 있을 수 없기 때문이다.

마른 뼈들의 환생을 꿈꿀 만큼 나라가 변하고 있다. 고작 9일 된 대통령이 9년 묵은 광주의 상심을 매만지고 포옹하는 장면에 또 감격하였다. "눈물 닦아준다더니 매일 울린다"는 말이 즐겁게 나돈다. "죄와 죽음은 사라지고 타락하였던 만물이 새로워지며 모든 생명이 온전히 회복되나이다." 하는 기도문이 실감 난다. 금아琴兒 선생의 「오월」을 되뇌며 계절의 온유를 음미한다. "오월은 금방 찬물로 세수를 한 스물한 살 청신한 얼굴이다. 하얀 손가락에 끼어 있는 비취가락지다. 오월은 앵두와 어린 딸기의 달이요, 오월은 모란의 달이다. … 전나무의 바늘잎도 연한 살결같이 보드랍다. … 신록을 바라다보면 내가 살아 있다는 사실이 참으로 즐겁다."* 그래서 늙은 시인은 말했다. "내 나이를 세어 무엇 하리. 나는 시방 오월 속에 있는 것을." 바로 이 대목, 오늘 우리가 하고 싶은 말이다.

툭하면 얻어맞고, 벌금 물고, 강도 바다도, 역사도 국권

* 『수필』, 피천득, 범우사.

도 무참히 더럽혀진, 비루하고 울적했던 세월이 어언 십년. 그런데 이 괴로움에 반드시 값이 있도다, 하면서 꿋꿋이 버텨주신 사람들 덕분에 마침내 이런 오월을 만났다. 눈만 감으면 고마운 얼굴들이 수두룩하게 떠오른다.

성경은 고난을 견디는 의연한 태도와 함께 즐거운 날의 흥거운 자세에 대해서도 강조하고 있다. 괴로움의 값어치를 알아 묵묵히 참아내듯 즐거운 날에는 환희의 맛을 유감없이 느껴보라고 말이다. 슬픈 날 슬퍼했다면 기쁜 날에는 "이다지도 좋을까/ 이렇게 즐거울까/ 형제들 모두 모여 한데 사는 일이여"시편 133. 1, 이렇게 노래하며 기뻐해야 한다. "새벽부터 넘치도록 자비를 베푸시어/ 우리 한 생 즐겁고 기쁘게 하소서/ 불행하던 그 햇수만큼 우리를 즐겁게 하소서" 하면서 밤낮 눈물로 매달린 끝에 순리의 때를 맞이하였으니 서로 매만지고 토닥이는 것이 도리이다.

고마움을 알아야 기쁨이 커지고 오래간다. 처음 스치는 옷깃이라도 반갑다고, 고맙다고 인사하자. 고맙다, 고마+ㅂ다. '고마'는 신神이다. 'ㅂ+다', '~브다'는 같다, 비슷하다, 닮았다는 뜻이다. 그러니까 당신은 하느님을 닮으신 분, 하느님과 같으신 분이라는 말이다. 예수는 "나를 보았으면 하느님 아버지를 본 것"이라는 엄청난 소리를 했다. 우리라고 그런 이야기를 주고받지 못할 이유가 없다.

앞으로 허겁지겁 허둥대던 5월은 없는 것으로 하자. 그대신 모든 5월은 '헝겁지겁' 달려가는 어머니의 성월이기로. 조급한 마음에 몹시 허둥거리는 모양은 허겁지겁, 너무 좋아서 정신 차리지 못하고 허둥거리는 모양은 '헝겁지겁'이다. 날 좀 보소, 날 좀 보소, 날 좀 보고 하느님 보소, 이런 노래 부를 때는? 당연히 헝겁지겁! 아, 사람이 좋구나, 오월이 좋구나.

___2017. 5. 20.

살구의 현실

아침이면 살구나무가 죽 늘어선 길을 따라 산으로 올라
간다. 며칠 전부터 누렇고 둥근 살구들이 길바닥 여기저기
나뒹굴고 있다. 처음 이사 와서는 몇 개 주워 입으로 가져
갔지만 농약을 뿌렸다는 안내문을 본 다음부터는 그러지
않는다. 가만히 보니 다들 시큰둥한 표정이다. 아닌 게 아
니라 오가는 발길에 툭툭 채이다가 밟혀 터지기 일쑤라서
길바닥이 지저분하다. 구린 냄새를 풍기는 늦가을 도회지
의 천덕꾸러기, 은행의 신세 못잖다. 사는 게 이상해졌다.
살구를 떠올리면 어릴 적 우리는 침이 고였는데 지금 아이
들은 뭐라고 할까.

김인국 칼럼집

보기에는 그럴듯해도 먹을 수는 없는 거, 어느 날 근본 없이 뚝뚝 떨어지는 거, 이리저리 뒹굴다가 밟히고 뭉개지는 그깟 거, 언제 생겨나서 어느새 자라나는 줄도 모르고, 더더군다나 그것이 사람의 수고 없이 초여름의 풍미를 즐기게 해주는 기막힌 선물인 줄 모르고, 그래서 저 귀한 맛도 영영 모른 채 어른이 되어버린다면 아, 마음의 황폐로다! 이건 아니다. '살구의 현실'은 개선돼야 한다.

올해는 어쩔 수 없더라도 내년부터는 그러지 말자. 아니지. 살구는 그랬다 치더라도 곧 만나게 될 복숭아에게는 그러지 말자. 무엇을 그러지 말자는 것인가. 정 버려야겠으면 알고나 버리고, 먹더라도 알고나 먹자는 말이다. 요즘 청문회를 지켜보면서 더욱 간절해진 생각이다.[*]

복숭아는 껍질과 살, 씨로 이뤄진다. 그 가운데 무엇이 가장 소중한가. "사람의 눈을 끄는 것은 아름다운 껍질이나 먹을 때는 벗겨버린다. 우리 인격에서도 남이 가장 알아보기 쉽고 칭찬과 비난의 대상이 되며, 잘났노라 자랑하기 쉬운 것은 실은 인격의 겉껍질밖에 아니 된다." 함석헌

[*] 2017년 6월 16일 안경환 법무부 장관 후보는 청문회를 앞두고 불거진 각종 의혹으로 자진 사퇴한다. 이어서 열린 조대엽 고용노동부 장관 후보 역시 청문회 과정에서 음주운전 등의 전력이 밝혀지면서 지명 32일 만인 7월 13일 자진 사퇴한다.

선생의 『인간혁명』(1961년)에서 몇 대목을 인용한다. "겉껍질은 사람의 눈을 끌려는 목적뿐, 정작 먹을 때는 아낌없이 벗겨버리듯 풍채요 지식이요 재간이니 하는 인격의 겉껍질도 보기에만 좋을 뿐 맛은 별로 없어 누구라도 벗겨버린다." 검증의 도마 위에서 말끔하게 벗겨지는 후보자들에게는 끔찍한 사태겠지만 어쩔 수 없다. 껍질을 제하려는 야당의 공세는 당연하다.

복숭아의 가장 맛있는 부분은 살이다. 그런데 "먹으면 없어지는 듯하나 복숭아로서는 먹히는 것이 소원이다. 그가 원하는 바는 씨가 전파되는 것인바, 그러기 위해서는 사람의 힘을 빌릴 필요가 있으므로 사람을 끌기 위하여 맛있는 살을 준비한 것이다." 후보자들이 과연 먹힘으로써 씨를 드러내려는 '속살의 정신'을 가지고 있는지 그 진정을 식별해내는 일은 누가 맡더라도 주관적일 수밖에 없다. 국회가 검증자이긴 하나 최종 판단을 민의에 맡기는 이유가 여기에 있다. 국회란 민의로 채워지는 민의의 전당이기 때문이다. 야당들이 국민을 거슬러 싸움을 벌이는 오늘의 형국은 안타깝다.

살을 다 먹고 나면 드디어 씨가 나오는데 이때야말로 다 함께 조심할 시점이다. "아무리 잘 먹는 사람도 씨는 먹으려 하지 않는다. 가장 귀한 것이지만 맛은 없다. 귀하기 때문에 맛이 없도록 한 것이다. 맛이 있으면 그것마저 다투어 먹어버릴 테니 말이다." 입에 맛없는 씨라고 함부로 뱉거나, 뱉은 그것을 짓밟아버리면 미래를 부수는 위험천만한 폭력이 된다. 대통령 선거 내내 그랬지만 아직도 날이면 날마다 사람을 체에 거르고, 키에 까부르다가 저울에 매달고서는 이러쿵저러쿵 조소하고 경멸하는 소리를 듣다 보니 이러다 사람 손에 사람 씨가 마르겠다 싶은 불안이 인다.

복숭아씨는 도인桃仁, 살구씨는 행인杏仁이라고 부른다. 어째서 과일의 씨에다 '인'이라는 이름을 붙이게 되었을까. 인仁은 본래 인人, 곧 사람이다. 그러니까 천지에서 사람이 가장 중요한 씨앗이듯이 과일의 씨도 그처럼 요긴하니 소중하게 간직하라는 뜻에서 그리했던 것이다.

나를 먹어주시오, 하고 나선 자가 있으면 정중하게 사양하거나 그의 씨가 드러나도록 남김없이 먹어주는 게 도리다. "죄다 개살구!"라는 소리만 지겹게 반복하는 것은 떳떳하지 못하다. 그럴 수밖에 없는 형편을 모르는 바 아니나, 정치란 제 살을 내놓고 마침내 자신의 씨를 드러내는 봉헌 생활의 전형임을 부디 명심하기를.

옛사람들은 살구가 많이 열리면 보리농사가, 복숭아가 많이 달리면 밀농사가 풍년이라고 믿었다. 금년은 어떤가? 어떻게 믿어주느냐에 따라 만사는 달라진다. 이만하면 고맙지, 하면 풍년이 오지만 언짢다고 비쭉거리면 결국 쭉정이만 거둔다. 가혹했던 구년대한九年大旱 속에 이만한 재목들이 준비된 것은 실로 다행스러운 일이다. 그런데도 껍질은 벗겨놓고, 살은 뭉개고, 씨는 짓밟고. 그래서 어쩌자는 것인가.

___2017. 6. 17.

태극기가 바람에
펄럭입니다

　새 정부가 들어서면서 선의의 사람들이 갖가지 '장기 공익 근무'를 마치고 일상으로 돌아가게 된 것은 정말 다행스러운 일이다. 공전만으로 지탱되는 인생은 없다. 너나없이 자기를 돌볼 자전의 시간을 잊고 지냈을 터, 부디 영혼과 몸의 조율 그리고 삶의 리듬을 회복하는 데 정성을 쏟으시기를. 지칠 줄 모르던 성실의 인간, 예수조차 "따로 한적한 곳으로 가서 함께 좀 쉬자"고 할 때가 있었다.

　'지난겨울' 이래 태극기가 남의 물건처럼 낯설고 서먹서먹해졌다.* 나라를 나라답게 만들자는 성의가 충만한 이

---

* 2017년 5월 23일 국정 농단의 핵심 인물인 박근혜의 재판이 시작된다. 이에 맞춰 극우 세력들이 서명 운동과 집회를 주도하면서 거리 곳곳에서 '태극기 부대'가 출현한다.

때, 이런 마음가짐을 그냥 놔둘 수가 없어 이리저리 궁리하다가 현재^{鉉齋} 김흥호(1919-2012) 선생이 남긴 태극기에 관한 해석을 읽게 되었다.*

태극기 한가운데에 영, 하나, 둘이 있고 그 바깥에 셋, 넷, 다섯, 여섯이 둘러서 있다. 무슨 말일까? 동그라미는 무극이라 영(0)이고, 원 중심은 태극이니 하나(1)다. 그리고 음양이 둘(2)이다. 영이 영원한 생명이라면 하나는 진리, 음과 양 사이를 지나는 에스 자는 생명이 진리에 이르는 길이라고 볼 수 있다. 셋(☰)은 하늘 천^{天}, 넷(☲)은 불 화^{火}, 다섯(☵)은 물 수^{水}, 여섯(☷)은 따 지^{地}이다. 가만히 들여다보면 천지수화는 각각 세 개(天), 네 개(火), 다섯 개(水), 여섯 개(地)의 길거나 짧은 금들로부터 나온 글자임을 알 수 있다.

건곤감리의 3. 4. 5. 6에는 춘하추동이 들어 있다. 땅은 봄, 불은 여름, 하늘은 가을, 물은 겨울을 나타낸다. 땅이 녹는 때가 봄이고, 불처럼 뜨거울 때가 여름, 하늘이 가장 높을 때는 가을, 물이 얼어붙는 때가 겨울이라서 그렇다.

* 『노자 · 노자익 강해』, 김흥호, 사색.

김인국 칼럼집

3. 4. 5. 6을 공간적으로 보면 천지수화, 시간적으로 보면 춘하추동인데 이를 인간의 성품으로 따질 때는 인의예지가 된다. 봄은 따뜻하니까 사랑의 인이고, 가을은 서늘하니까 정의의 의, 여름에는 온갖 풀이 무성해져서 질서를 잡을 필요가 생기니까 예, 겨울은 차갑고 냉정하니까 이지의 지이다.

　영은 무극, 하나는 태극, 둘은 음양, 셋은 하늘, 넷은 불, 다섯은 물, 여섯은 땅이라고 하였다. 그런데 셋, 넷, 다섯, 여섯은 더하거나 곱하기를 해보면 언제나 더한 것이 작고, 곱한 것이 크다. 예를 들어 셋하고 셋을, 합하면 여섯 곱하면 아홉이다. 하지만 영, 하나, 둘의 경우는 다르다. 곱한다고 해서 반드시 커지지 않는다. 영에다 영을 더해도 영, 영에다 영을 곱해도 영이다. 하나에다 하나를 더하면 둘, 곱하면 도로 하나다. 둘에 둘을 더 해도 넷, 둘에 둘을 곱해도 똑같이 넷이다. 삼사오륙과 달리 무극, 태극, 음양은 규칙 밖이다.

　옛사람들은 사람의 짐작이 미치는 과학 세계를 형이하形

而下, 이성 그 이상의 영성 세계를 형이상形而上이라고 했다. 그러면서 보이지 않는 세계를 체體로 보고, 드러난 세계를 그것의 용用이라 어겼다. 무극/태극/음양을 가운데에 두고 천/지/수/화를 둘레에 배치함으로써 안팎을 나눈 것은 그런 까닭이었다.

사람은 '안'과 '밖' 그 사이에서 살아간다. 안은 들여다볼 수 없지만 밖은 훤히 드러난다. 흔히 여기서 속는다. 보이는 것이 아무리 화려해도 속에 묻힌 것이야말로 나의 뿌리이며 실상이다. 사람이 돌아갈 고향도, 반드시 찾아내야 할 영원한 보물도 거기에 있다.

영, 하나, 둘이 없으면 셋, 넷이 나올 수 없다. 셋, 넷이 나오려면 영, 하나, 둘이 먼저 있어야 한다. 하나하고 둘이 합해야 셋이 되지 거저 셋이 나올 순 없다. 뿌리가 있어서 잎이 나고 꽃이 핀다. 뿌리는 땅속에 묻혀 있기 때문에 알 수는 없다. 알 수 없지만 분명히 있기는 있다.

있기는 있는데 알 수는 없는 것을 서양에서는 '존재'라

했고, 우리 옛 어른들은 '도'라고 불렀다. 분명 있는데 알수는 없는, 그래서 뭐라고 이름을 붙일 수도 없는, 그래도 사람이 가야 할 길이 있음을 믿었다. 그런데 세월이 흐르면서 이런 통찰이 흐려지고 말았다. 보이지 않으면 없는 것이라고, 변변한 이름도 없는 주제에 무슨 대수냐고 무시하기에 이른 것이다. 산천초목을 함부로 망치는 것도, "그냥 밥하는 아줌마" 아니냐며 깔보는 것도, 밤낮으로 저를 위해 수고하는 운전기사에게 폭언을 일삼는 것도 다름 아닌 0, 1, 2, 3, 4, 5, 6을 셀 줄 모르는 바보천치라서 그렇다.

굳은일 하는 사람들의 고마움은 하나도 모르면서 펄럭이는 국기에 대해서만큼은 깍듯이 경의를 갖추던 자들이 지난날 너무나 흔했고, 아직도 지천이다. 눈앞의 것만을 전부요 최고로 여기는 오늘의 졸렬함을 부끄럽게 통회*하고, 말할 수 없이 높고 깊고 넓었던 옛사람들의 안목을 되찾자는 게 아니라면 굳이 그럴 필요 없다. 남을 위함이 곧 나를 위하는 일이라는 그 큰 안목!

___2017. 7. 15.

* 몹시 뉘우침.

불을 가진 가을이
온다

    어두운 데서 속삭였던 갖가지 공작들이 속속 얼굴을 내밀고 있다. "감추어둔 것은 나타나게 마련, 비밀은 세상에 알려져 드러나게 마련"루카복음 8, 17이라는 만고의 진리를 무섭게 실감하는 나날이다. 원세훈의 녹취록부터 문화방송의 '기자 블랙리스트', 육군 대장 부부의 '공관병 갑질'에다 삼성에 조아린 언론인들의 청탁 문자 메시지까지 낱낱이 드러나고 있다.* 감출 게 많은 사람들은 차라리 여름이 좋으리라. 무성한 수풀 속에 숨기도 좋고 넓적한 이파리로 가리기도 쉬울 테니. 하지만 가을이 오고 있다.

---

* 2017년 7월 25일 원세훈 전 국가정보원장 재판에서 녹취록이 증거로 채택된다. 여기에는 전방위적인 선거 개입을 증명하는 내용들이 담겨 있었다. 비슷한 시기 군인권센터가 박찬주 제2작전사령관(육군 대장) 부부가 공관병에게 행한 가혹 행위 등을 공개하면서 큰 충격을 주었다. 8월에는 〈시사인〉 주진우 기자가 삼성그룹 미래전략실 장충기 사장이 언론인들에게 받은 문자를 공개한다. 자본에 복종하는 언론의 민낯이 그대로 드러나 충격을 주었다.

김인국 칼럼집

삼성전자 부회장 이재용에 대한 결심 공판이 열리던 지난 월요일은 절기상 입추였다.[*] "전형적인 정경유착에 따른 부패 범죄"를 거슬러 징역 12년을 구형하는 특검의 논고를 듣고 있자니 지난 2007년 10월 29일, 삼성그룹의 비자금 문제를 제기했던 천주교정의구현전국사제단의 일원으로서 만감이 교차했다.

　그때 솔직하게 털어놓고 용서를 구했더라면 오늘의 불상사는 없었으리라고 단언한다. 그토록 소망했던 '경영권 승계' 문제도 벌써 매듭지어졌을 것이다. 당시 증언의 주역인 김용철 변호사와 사제단이 바랐던 것은 단죄를 넘어 경제 민주화를 위한 과거와의 단절이었기 때문이다. 하지만 '회장님'은 산더미처럼 쌓인 범죄들을 별것도 아닌 일로 무마시키는 수완을 발휘했고, "모든 국민이 정직했으면 좋겠다. 거짓말 없는 세상이 돼야 한다"는 명언까지 남겼다. 덕분에 아직 '부회장님'인 그 아들이 아버지가 섰던 법정에 다시 서 있다.

　"오해다. 사적 이익을 추구한 바 없다. 억울하다!"라며

* 이재용 삼성전자 부회장은 뇌물 공여 혐의가 인정되어 1심에서 징역 5년의 실형을 선고받는다.

울먹였다는 피고의 최후 진술은 아버지가 늘어놓던 변명에 견주면 엉성하고 짜증스러운 것이었다. 그러잖아도 부자인 사람이 전 국민의 노후 자금에 손을 대 놓고 대체 무엇이 억울하다는 말인가. 죄를 감추고 허물을 가리려는 본능이야 얼마든지 이해해줄 수 있다. 그런데 사법 정의가 필요한 것은 바로 그 때문이다. 추상같은 단죄는 궁극적으로 악과 악습으로부터 인간과 사회를 구출하기 위함이다.

이런 점에서 2007년 12월에 출범했던 조준웅 특검의 역사적 과오는 결코 가볍지 않다. 아들을 삼성전자에 입사시키는 것 외에 별다른 성과를 내지 못한 조준웅 특검의 수사 결과 발표문과 최근 박영수 특검의 논고문을 비교해보았다. 박 특검의 논고는 4217자인데 조 특검의 그것은 자그마치 7만 7000자가 넘었다. 문건의 성격이 다르긴 하지만 분량의 차이는 매우 중요한 두 가지를 말해준다. 첫째, 아버지의 범법 행위가 아들과는 비교도 할 수 없을 만큼 차고 넘쳐났다는 사실이고, 둘째, 저 어마어마한 범죄들을 일일이 변명해주느라 특검의 말이 길어졌다는 것이다.

그래서 삼성 특검의 결론은 이랬다. "배임 행위로 인한 이득이나, 포탈한 세액이 천문학적인 거액으로서 법정형이 무거운 중죄에 해당(하지만) (…) 이 사건 범죄는 (…) 개인적 탐욕에서 비롯된 배임, 조세 포탈 범죄와는 다른 측면이 있다. (…) 또한 피의자들의 (…) 신병을 구속하면 기업 경영에 엄청난 공백과 차질을 빚어 (…) 우리 경제에 미치는 부정적 파장이 매우 클 것으로 보이는 한편 (…) 평등한 법 적용이 (…) 개별적 특수성이나 시대적 상황 등 다른 요소는 전혀 외면한 채 기계적으로 똑같이 적용하라는 것은 아니라고 할 것이다." 이게 웬 뚱딴지같은 잠꼬대인가? 특검이 대놓고 법 적용의 공평성을 짓밟던 날, 사제단은 경악하였다. 당연히 이후 재판부는 이미 유죄 판결을 내린 사안에 대해서까지 무죄를 선고하였다.

　　그로부터 9년 3개월 만에 흉악 범죄는 엄벌로 꾸짖자는 목소리가 들려왔다. "이 사건 범행은 전형적인 정경유착에 따른 부패 범죄로 국민 주권의 원칙과 경제 민주화라고 하는 헌법적 가치를 크게 훼손하였습니다. (…) 역사에 뼈아픈 상처이지만 (…) 국민들의 힘으로 법치주의와 정의를 바로 세울 수 있는 소중한 계기가 되었습니다. 하루빨리 역사의 상처를 치유하고, 훼손된 헌법적 가치를 재확립하여야 합니다." 박영수 특별 검사의 논고 일부다.

무엇이 이런 차이를 빚어냈을까. 두말할 것 없이 지난겨울을 밝혀준 '불기둥'들의 수고 덕분이다. 처서가 지나면 줄줄이 선고 공판이 이어진다. 이즈음 성경의 천사는 "땅의 곡식이 무르익어 추수할 때가 되었습니다. 당신의 낫을 들어 추수하십시오."^{요한묵시록 14, 15}라고 외친다. 가을秋이라는 글자에는 불이 들어 있다. 벼禾를 말리느라 불火이 필요해서일까. 익힐 것은 더 익히되 태울 것은 다 태워 없앤다. 이것이 가을의 속성이다.

세기의 재판에 과연 어떤 마침표가 찍힐까. 회한과 오욕으로 얼룩진 대한민국 사법부의 얼굴을 말끔히 씻어줄 명쾌하고 준엄한 판결을 기다린다.

___2017. 8. 11.

4부

새로운 시작

2017.9.16. - 2018.2.3.

가을 하늘 공활해도
탁하고 매우니

물이나 공기나 웬만하면 걸러 마시는 형편에 새삼 하늘
과 땅의 누추한 현실을 탓해서 무엇하랴만 오랜만에 비행
기에서 우리 하늘을 내려다보고 깜짝 놀랐다. 언제나 맑고
푸른 창공인 줄로만 알았는데 어제도 오늘도 그저 탁하기
만 하다. 황사의 공습에 시달리는 봄은 아예 접어두더라도
유난히 비가 많았던 여름 사나흘쯤 파란 하늘과 하얀 뭉게
구름을 보았을 뿐, 가을이 왔는데도 오래된 포장도로처럼
칙칙하다. "누가 하늘을 보았는가" 하고 묻던 그 쪽빛 하늘
은 좀처럼 만나기 힘들어졌다.

자고로 우리 겨레의 수심정기守心正氣는 하늘을 통해서 이뤄졌다. 하늘을 우러를 때마다 부끄러워했고, 차마 마주할 엄두가 나지 않을 때는 "구름이 흐르고 하늘이 펼쳐지고 파란 바람이 부는 우물"이라도 들여다보며 마음을 살폈다. 그런 하늘도, 우물도 다 잃어버렸으니 어디를 향해서 마음 맑게, 기운 바르게 할 수 있으려나.

흐린 하늘이나마 제발 조용하기를 빌어보지만 스멀스멀 화약 내가 진동하고 있다. "하늘을 보면 눈물이 흐르고, 땅을 보면 한숨만 쏟아지는 나날"이라고 하던데 다들 비슷한 심정이리라. 그런데 역사상 가장 진화한 철학으로 눈부신 이웃사랑을 실천한 사람들이 나타났던 것은 어둑하고 답답한 암울의 때였다. 최근 이백 년 안팎에서는 서학과 동학 공동체가 대표적이다. 하나는 건너편 서쪽에서, 다른 하나는 여기 동쪽에서 떠오른 지혜인지라 각각 서학이며 동학이었다지만 사실 한 뿌리에서 피어난 같은 꽃이었다.

우선 서학이나 동학이나 '하늘의 임'을 받들었다. 천주나 한울이나 이름부터 같았다. 둘 다 자기 안에 귀한 하늘이 있는 것처럼 다른 존재들 안에도 귀한 하늘이 있음을 말했다. 당연히 사람에 대한 일체의 차별을 거부했다. 둘째, 하느님 나라 혹은 개벽 세상을 꿈꾸며 사람이 사는 사람의 나라를 목말라 했다. 셋째, 똑같이 유학을 정학으로 삼는 지배 계급에 의해 사학邪學으로 불렸고, 국가를 위태롭게 하는 반역의 무리로 여겨졌다. 그 결과 대대적인 탄압과 끔찍한 박해에 시달렸다.

어째서 동학과 서학은 그리도 미운 놈들이었을까? 이유는 하나, "모두가 높아지기만 하면 이 세상이 온전히 돌아갈 수 있겠느냐?"는 불안 때문이었다. 누군가는 밤낮으로 궂은일을 감당해줘야 글 읽는 선비와 다스리는 임금이 있을 수 있는바, 이를 부정하는 것은 근간을 흔들고 법도를 무너뜨리는 위험한 짓이라고 믿었던 것이다. "백성이 근본이라고는 하지만 어진 임금과 신하들이 없다면 너희가 하루라도 편하게 지낼 성 부르냐?" 이것이 하나부터 열까지 남의 수고에 기대서 살아가던 양반들의 세계관이었다. 이런 생각은 아직도 우리 사회 곳곳에 남아 있다.

만일 서학과 동학이 하느님 사랑과 이웃 사랑을 일치시키지 않았더라면 어땠을까? 하늘에만 계시는 하느님이니 낮은 데서 사는 사람에게 행하는 사랑을 별개로 알고, 서로 높이고 섬기는 거룩한 나라를 이 땅에 세울 엄두를 내지 않았다면 무난히 유학의 하위 체계로 편입되었을 것이다. 하지만 그들에게 신앙이란 "모순 덩어리의 세상에 의문을 갖는 일이었으며 올바른 것을 찾고 잘못된 것을 바로잡을 용기를 내는 일이었다. 그것이 하나뿐인 목숨을 바쳐야 하는 일일지라도." 결국 동학과 서학은 내내 쫓기고 쫓기다가 마지막에는 신동엽이 말한 "기다림에 지친 사람들은 산으로 갔어요"의 주인공들이 되고 말았다.

그런데 훗날 둘의 운명은 달랐다. 장장 백 년에 걸친 박해 동안 만 명이 넘는 신자들과 신부, 주교들의 목을 내놓고서야 1866년 신앙의 자유를 얻고 산에서 내려온 서학은 슬그머니 현실과 거리를 두기 시작했다. 매 앞에 장사가 없다고 했으니 이해할 만한 일이었다. 하지만 하필 그즈음이 백성의 형편이 폭발 직전의 때였다는 점을 생각하면 두고두고 미안하고 부끄럽다. 그냥 놔두었다가는 나라가 망

김인국 칼럼집

하게 된 것을 직감한 동학 지도자들이 광제창생과 보국안민의 깃발을 준비하던 1892년, 신생 천주교회는 궁궐이 내려다보이는 언덕에 조선 최초의 성당을 짓느라 정신이 없었다.

　내일 서학의 후손들은 순교로 빛을 밝힌 신앙 선조들을 기리는 대축일 미사를 봉헌한다. 죽어간 사람들뿐만 아니라 죽이는 데 혈안이 되었던 그 시대의 야만과 함께 오늘의 무자비한 폭력에 스러지고 있는 약자들을 바라보며 기도하는 날. 무엇보다 우리의 마지막 남은 하늘과 우물은 서럽고 막막해서 쏟아내던 통한의 눈물임을 되새기며 그 눈물로 상대방의 처지를 헤아려주는 날이다. 정부의 인도적 대북 지원을 놓고 의견이 분분하다. 그럴 것 없다. 눈물로 살피면 우리는 다 같이 하늘이 될 수 있다.

___2017. 9. 16.

가을의 본분

성경 속 이스라엘, 작았지만 출발이 당당했던 이 나라는 남북으로 갈라지면서 쇠약해졌다가 차례로 망해버렸다. 먼저 북녘이, 그다음 남녘이 강대국들의 억센 주먹에 무너졌다. 허리가 동강 난 몸이라 변변한 저항 한 번 못 했다. 그러고는 한 오백 년쯤 이놈에게 치이고 저놈에게 밟히더니 결국 서기 70년 로마 군대가 와서 수도 예루살렘을 뭉개버리고 지도에서 아예 지워버렸다. 성경은 우뚝 일어섰던 나라가 어떻게 폭삭 망해버렸는지 소상하게 가르쳐주는 역사 교과서다. 누구보다 분단 코리아를 위한 타산지석이다.

김인국 칼럼집

저 잘난 겨레가 왜 망했을까. 성경은 파멸의 단서를 쇠심줄처럼 질겼던 '고집'에서 찾는다. 하느님은 비극을 막아보려고 "이러다가 오래 못 간다"며 어르고 달랬지만 목이 뻣뻣한 족속은 못 들은 체하였다. 오죽했으면 이런 말이 전해진다. "그들은 모두 고집 센 반항자들, 썩어빠진 짓만을 저지른다." 예레미야서 6, 28

보다 못한 하느님이 자신의 타는 속을 꺼내 보였다. "내 포도밭을 위하여 내가 무엇을 더 해야 했더란 말이냐? 내가 해주지 않은 것이 무엇이란 말이냐?" 애지중지 아끼고 어루만졌던 포도밭, 이스라엘이 얼마나 망가졌기에 이토록 애달파하셨을까. "좋은 포도가 맺기를 바랐는데 어째서 시고 떫은 개살구가 열렸느냐?" 이게 무슨 소리일까. "공정을 바랐는데 피 흘림이 웬 말이며 정의를 바랐는데 울부짖는 저 소리들은 어찌된 일이냐?"는 탄식이었다.

예루살렘 붕괴를 직감한 예수는 우화 하나를 들려주며 긴 한숨을 쉬었다. 어떤 사람이 각고의 노력 끝에 어엿한 포도밭을 갖게 되었는데 형편상 남의 손에 맡기고 멀리 떠났다. 여기서도 포도밭은 이스라엘을 뜻한다. 추수철이 되어 사람을 보냈는데 작인들은 소작료 대신 살인을 저질렀다. 심부름꾼들을 모질게 구박하다가 숨통을 끊어놓은 것이다. 심지어 주인의 아들마저 죽여 없앴다. 그 당시 어리석은 위정자들은 이런 식으로 공정을 바라는 하느님께 대들고 고집을 부렸다.

겨레의 많은 선지식들이 나라가 무너진다며 피를 토해놓고 죽어갔지만 고집 센 족속은 꿈쩍도 않았다. 언짢은 열매만 맺는 나무를 가만두었다. 최악의 소작인을 내쫓지도 성실한 농부를 찾아보지도 않았다. 그저 내년에는 혹시 제대로 열리지 않을까, 언젠가는 고분고분 소작료를 내놓지 않을까 미련을 버리지 못하고 미련을 떨었다.

어쩌다 보니 지난 연휴 내내 '남한산성' 주위를 맴돌았다. 영화 〈남한산성〉을 보고, 소설 『남한산성』을 다시 읽어보고, 『역사평설 병자호란 1, 2』를 뒤적였다. 대략 임진년 왜란 후 30년 만에 정묘년 호란이, 10년 후 다시 병자년에 호란이 일어났더라. 한 번 당했으면 얼른 고쳐야 하는데 어제와 오늘을 고집하다가 당하고, 당하고 또 당하는 속 터지는 역사가 오늘의 현실과 묘하게 겹쳐서 내내 뒤숭숭했다.

당장 뽑아치우고, 갈아치워야 할 당연지사를 어째서 미루고 뭉개는지 답답하지만 원래 심기는 쉬워도 뽑기는 어렵고, 내주기는 쉬워도 도로 찾기는 어려운 법이다. 더군다나 스스로 새로워지는 일은 여간해서 보기 힘든 경사다.

그런데 우리는 지금 지지리도 운이 없다. 버릴 것 버리고, 치울 것 치워서 삶의 틀을 바꾸는 "다시 개벽"을 위해 대통령도 새로 뽑고 새롭게 출발을 하려는 그 시간에 북의 핵 실험과 미사일 발사가 터졌다.* 적폐의 잔가시 하나도 뽑지 못했는데 난데없는 '사드'까지 날아와 가슴팍에 박혔다. 기막힐 노릇이다.

설상가상으로 보복과 압박의 화로가 우리 머리 위에 얹혔다. 중국은 너희가 사드를 받았으니 그런다 하고, 미국은 우리가 사드를 줬잖은가 하면서 제 입맛대로 자유 무역

---

* 2017년 북한은 대륙 간 탄도 미사일을 포함한 발사 실험을 수십 차례 진행한다. 북한이 미국 전역이 타격권이라고 공언하자 8월 8일 트럼프 대통령은 "화염과 분노에 직면할 것"이라며 경고한다. 9월 3일 이에 아랑곳없이 북한은 역대 최대 규모의 6차 핵 실험을 실시한다.

협정을 손볼 참이다. 이런 틈에 법원은 "민중은 개돼지"라고 확신하는 고급 공무원을 복직시키라고 명령했고, 적폐의 저수지 격인 전직 대통령은 "안보가 엄중하고 경제가 어려워 살기 힘든 시기"에 적폐 청산이라니 "이런 퇴행적 시도는 국익을 해칠 뿐"이라며 대대적인 반격을 예고했다. 몰염치에 화가 나지만 어차피 돌파해야 할 난관들이다.

　천년만년 갈 것 같던 나라마저 고꾸라지게 하는 '고집'의 실체는 무엇인가? 그것은 오늘도 내일도 알던 대로 알고 싶고 살던 대로 살고 싶은, 딱딱하게 굳어버린 관성 이외에 아무것도 아니다. 단풍 드는 날, "버려야 할 것이 무엇인지 아는 순간부터 인생에서 가장 아름답게 불타는 나무"^{도종환} 아래서 여태껏 떨쳐버리지 못한 나의 억센 고집을 돌아본다. 오래된 잎사귀들을 떨구어 뿌리를 거름하는 분본^{糞本}은 가을을 지내는 사람의 본분^{本分}이다.

___2017. 10. 13.

선생복종

들판마다 휑뎅그렁하다. 무엇이나 받아주고 살려주고 키워주더니 제 앞으로는 한 톨도 남기지 않고 말끔히 비운 채 말이 없다. 그래도 가만히 귀 기울이면 "양식을 거둬간 사람들아, 머잖아 닥칠 너희의 끝을 생각해 보라"는 나지막한 목소리가 들린다. 그뿐이랴. 울긋불긋 고운 빛깔로 하늘을 수놓고 물들이기까지 한 해의 소임을 다한 나무들이 시방 알몸으로 우리를 내려다보고 있다. 나무랄 데 없이 장하고 엄숙한 그들은 착하게 나서 복되게 마치는 선생복종善生福終, 이른바 선종의 모범이시다.

입동 무렵이면 어김없이 몸살로 고생하는데 이번에는 별일 없이 새 계절로 들어가고 있다. 때로는 앓기도 해야 한다. 앓아야 알아진다. 통 앓지 않는 사람은 남의 사정을 헤아리지 못하고, 죽음에 대해서는 더욱 생각할 줄 모른다. "사람이 되어 병 앓음은 부끄러운 일이 아니지만 일생토록 병 없음이 나의 근심"채근담이라고 했는데 괜한 말씀이 아니다. 늙어서까지 청년기의 근력과 정력을 유지한다고 해보자. 좋기야 하겠지만 천년만년 봄인 줄로만 알고 좀처럼 늦가을의 야무진 매듭에 대해서는 꿈도 꾸지 않을 게다. 없다가 있게 되고 있다가 없어지는 것이 우리 운명이라면, 낙법을 익히듯 죽어가는 기술도 익힐 필요가 있다.

"우리 형편은 교수대에서 밧줄을 목에 건 다음 딛고 선 마루청이 떨어지기만을 기다리는 사형수와 같다. 이 사실을 잊으면 쓸데없는 잡념에 시달리고 욕망에 사로잡히며, 교만에 빠지고 만다. 종당 죽음에 직면할 사형수들이 매일 서로 잘났다고 다투다니 사람이란 어떻게 생겨 먹은 것인지 모르겠다. 더구나 향락을 하겠다니 요절복통할 일이다." 유영모 예수만 사형수가 아니다. 누구나 태어나는 순간 확정 판결을 받고 시작하는 미결수다. 성경은 첫 인간에게 이 점을 분명히 알려주었다. "너는 흙으로 돌아갈 것이다."^{창세기}_{3. 19} 그렇다면 집행을 기다리는 하루하루를 어떻게 살아야 하겠는가. 따뜻할 온溫 자는 죄수囚에게 쟁반皿에 음식을 담아서 주는 것을 나타낸 회의 문자라고 한다. 감옥 같은 세상에서 너나없이 사형수 신세라면 그저 따스한 정으로 품어주는 것이 도리가 아니겠느냐는 뜻이 이 한 글자에 실려 있다.

최근 어떤 국빈의 요란스런 행차로 온 나라가 떠들썩했다. 됨됨이가 소문과 다르지 않았다. 다만 비대한 몸집에서 사람의 온기가 느껴지지 않았다. 하늘에 띄우는 큰 배를 몰고 다니느라 엄청난 기름을 태웠을 텐데, 와서 기껏 한 일이라고는 무기를 왕창 팔아치운 것뿐이었다.[*] 그러느라 북쪽에 대고는 한껏 험담을 쏟아놓았다. 사형수에게 허락된 '마지막 오늘'을 고작 전쟁 상인이 되어 탕진하다니 인간의 미련과 탐욕은 이 정도인가, 아니면 그 이상인가.

* 2017년 11월 7일 도널드 트럼프 미국 대통령이 방한한다. 1박2일 일정으로 진행된 정상 회담에서 한국 정부는 미국에 첨단 전략 무기 구입을 약속한다.

아무리 문제가 많아도 사람은 역시 사람이다. 삼성 창업주 이병철 회장이 말년에 한 신부에게 스물네 개의 질문을 보냈다. "신의 존재를 어떻게 증명할 수 있는가"부터 시작해서 "지구의 종말은 오는가"까지 하루하루 죽음에 다가서는 인간이라면 마주치게 되어 있는 문제들이었다. 없는 것 없이 다 가진 사람이라도 "헛되고 헛되도다. 세상만사 헛되도다. 하늘 아래서 아무리 수고한들 무슨 보람이 있으랴!" 하는 쓸쓸함은 어쩔 수 없나 보다. 질문지에는 "부자가 천국 가는 것을 낙타가 바늘구멍에 들어가는 것에 비유하던데, 부자는 악인이란 말인가" 하는 물음도 들어 있었다. 하필 이런 구절이 마음에 걸렸을까? "제아무리 부요하다 하더라도 재산이 생명을 보장해주지는 못한다"는 사실을 알아챘던 걸까. 아니면 현재의 행운에다 복된 미래까지 확보하고 싶었던 것일까.

묻기만 해놓고 그는 아무런 대답도 듣지 못했다. 생각지도 못한 죽음의 전령이 들이닥쳤기 때문이다. 하지만 그런 거 다 몰라도 괜찮다. 인생의 성패와 생사를 판가름하는 문제는 오직 한 가지뿐이다. 최후의 심판 때에 신은 이렇게 묻는다고 한다. "내가 굶주리고 목마르고 헐벗고 병들었을 때, 네가 나에게 해준 것이 무엇이더냐?" 대뜸 "언제 당신께서 굶주리고 목말랐느냐?"고 따지고 나설 윤똑똑이들을 위해 신은 "가장 보잘것없는 사람 하나에게 해준 것이 나에게 해준 것"이라는 보충 설명을 덧붙였다. 보고 자시고 할 것도 없는 사람의 형편에 어떻게 반응했느냐에 따라 영생이 주어지거나 박탈될 테니 알아서 하라는 말씀.

닷새 후면 대학 수능 시험일이다. 거기서 만점을 받더라도 이 물음에 머뭇거리면 말짱 헛수고다. 문제도 미리 내주고, 정답까지 쥐여 주었는데 어째서 그리들 끙끙거리는가. 보다 못한 어느 성인이 말했다. "안 난 셈 치고 살고, 죽은 셈 치고 살고"

—2017. 11. 11.

나오시라,
양심수인 열아홉

　나무는 외롭다. 아니 외롭겠다. 알몸으로 지내는 겨울뿐 아니라 꽃피우는 봄날에도, 이파리 무성하고 그늘 좋은 여름에도, 보란 듯이 주렁주렁 열매 여는 가을에도 나무는 외로울 것만 같다. 평생을 살아봐도 늘 한 자리요 넓은 세상 얘기도 바람이 아니면 들을 수 없는 신세가 그렇지만 나무와 나무 사이의 운명적인 '양팔 간격' 때문에 더욱 그렇다. 직립해서 수직으로 살아가는 한 어쩔 수 없다.

　쓸쓸하기는 사람도 마찬가지다. "나무야/ 나무야/ 겨울나무야/ 눈 쌓인 응달에 외로이 서서/ 아무도 찾지 않는 추운 겨울을/ 바람 따라 휘파람만 불고 있느냐"는 노래는 사실 사람의 이야기다. 사람과 사람 사이에도 '사이'가 있어서 누구나 외롭다. 그래서 힘들지만 그래야 인간이다.

상대가 누구냐에 따라 바짝 좁히기도 하고 멀찌감치 벌리기도 한다마는 마냥 좋다고 해서 사이를 없애서도 안 되고, 이것저것 다 싫다고 간을 칸막이 삼아 그 안에 숨어서도 안 된다. 자기를 버리고 자기를 잃어도 탈이고, 남을 외면하고 남과 끊어져도 문제다. 인人의 간間을 어떻게 유지하느냐에 따라 인간은 더불어 큰 숲을 이루는 조화로운 나무가 되기도 하고, 저만 알고 저만 위하는 고사목이었다가 한순간에 자빠지는 사상누각의 기둥이 되기도 한다.

미국 캘리포니아 삼나무는 하늘로 백 미터까지 솟구치는 엄청난 키다리다. 바람에 넘어가지 않으려면 깊은 뿌리가 필수일 텐데, 지표면의 물을 빨아들이려다 보니 형편이 그렇지 못하다고 한다. 그러면 무슨 힘으로 잦은 강풍에 맞서 어마어마한 키와 무게를 유지할까. 비결은 각자 뿌리를 내리는 대신 사방팔방으로 뿌리를 넓혀가며 서로에게 기대고 서로를 지탱하여 주는 어깨동무에 있다. 한 그루의 삼나무를 쓰러뜨리려면 숲 전체를 쓰러뜨려야 한다는 말은 그래서 나왔다.

아직 소비에트 연방이던 시절, 시베리아에서 사목하다가 돌아온 신부가 들려준 이야기다. 무시무시한 추위와 폭설의 유형지에 사람들이 살기는 살더냐고, 산다면 어떻게 살더냐고 물었더니 '밧줄' 하나로 지루하고 삭막한 겨울을 견딘다고 하였다. 월동 준비 가운데 빠뜨릴 수 없는 하나가 옆집과 우리 집을 이어주는 튼튼한 밧줄이란다. 한 번 내렸다 하면 지붕을 덮고 마는 폭설은 길부터 끊어놓는데 그럴 때면 이웃과 밧줄을 맞잡고 흔들거나 빙빙 돌려서 길을 만든다고 한다. 고립과 죽음이 한 낱말인 겨울 나라의 사람들은 밧줄 하나로 간밤의 안부를 묻고, 부르면 언제나 달려갈 테니 아무 걱정하지 말라는 확인을 그렇게 주고받는 것이다.

사람은 누구나 한 칸 사이에 존재한다. 한 칸의 용도는 쓰기 나름이다. 물론 이웃의 곤란과 아픔을 살피는 창이면서 세상을 만나러 나가는 대문이어야 하지만 저 혼자만으로 만족하고자 하는 사람들에게는 분리 장벽으로도 손색이 없다. 나와 너 사이의 그 한 칸을 어떻게 쓸지는 각자 알아서 할 일이나 두루 어우러질 때 사람은 비로소 사람이 된다.

머잖아 예수 성탄이다. 하늘의 아드님은 어째서 사람이 되고 싶었을까? 일찌감치 높은 하늘에 거처를 정하고 홀로 하늘의 궁창을 돌아다니시던 하느님이 마침내 찾아낸 안식처가 하필 사람들 한가운데였을까? 사람이 좋아서다. 뭐니 뭐니 해도 사람이 좋아서다. "빽빽한 시내버스 속이 이다지도 좋을 수 있으랴/ 가난한 마음들이 서로 옷을 비비며 살갗을 비비며 이리 밀리고 저리 밀리는/ 늦여름 시내버스 속은 좋고도 정말 좋아라/ 땀 냄새를 섞으며 함께 흔들리는 때론 하느님을 서로 나누어 갖는 한 시대의 슬픈 살덩이들/ 정말로 아름답고 좋아라/ 정말로 소중하고 소중하여라/ 손잡이 하나에 몇 명씩 매달려도 이웃의 발등을 쬐끔이라도 밟지 않으려고 벌컥 벌컥 숨을 쉬는 사람들"*

* 「뭐니 뭐니 해도 사람이 좋아라」, 김준태.

지금 사는 대로 죽어서도 똑같이 살 것이다. 천당이든 지옥이든 현재의 연장이기 때문이다. 이승에서 하느님과 이웃과 어울려 사는 게 좋았던 사람은 죽어서도 오순도순 그렇게 살아갈 것이고, 하늘도 모르고 이웃도 모르고 저 혼자만으로 만족했던 사람은 저승에서도 영영 자아도취와 고독의 방에서 지내게 될 것이다.

문득 감방을 생각한다. 거기는 본시 저만 아는 바보들을 위해 마련된 자리. 자신이 처한 오늘의 고립과 단절은 스스로 벽을 둘러치고 살아온 이기심의 결과임을 몸서리치게 실감하며 오래오래 사람을 그리워하고, 사람이 얼마나 좋은지 깨닫는 정진의 도량이다. 그러므로 사람이 좋아서 사람을 위하던 사람들은 그만 나와야 하고, 그곳은 사람을 멀리하고 사람을 괴롭히던 자들로 채워져야 한다. 양심수 석방 추진 위원회가 선정한 열아홉 분의 사면을 손꼽아 기다린다.[*]

_2017. 12. 9.

* 2017년 12월 5일 시민사회 종교 노동계 3194명이 시국 선언 기자 회견을 열고 정치 활동과 노동 운동과 사상을 이유로 구속된 양심수의 석방을 요구한다.

'덜 없어서' 더러운

살다 보면 쓸고 닦고, 사르고 치울 일이 많다. 아니, 쓸고 닦고 사르고 치우는 게 매일의 과업이다. 그렇게 하지 않으면 일상은 금방 질척질척 너저분해지고 만다. 그래서 방은 걸레로 훔치고, 마당은 빗자루로 쓴다.

하루하루 쓸고 훔치면서 나름 터득하게 된 어쭙잖은 생활의 발견 몇 가지. 첫째, 아침저녁으로 쓸고 닦는데 어쩌면 그렇게 치울 게 많이 나오는지 놀랍기만 하다. 몸에서 떨어지는 것들과 몸이 지어내는 부스러기는 쉼이 없다. 사는 게 죄라는 말이 딱 맞다. 둘째, 눈은 얼굴이 아니라 손에 달려 있다. 손수 쓸고 닦아봐야 구석구석 뒹구는 먼지의 실체와 삶의 찌꺼기들을 마주하게 되지 그전까지는 까맣게 모른다. 사랑하면 알게 되고, 알면 비로소 보인다고? 빗자루를 들면 대번 비루한 현실을 알게 되고 보게 된다. 셋째, 그런데 막상 모아놓고 나면 얼마 되지 않는다. 한 움큼도 못 되는 것들이 나의 앉고 눕고 숨 쉬는 자리를 그렇게 더럽혔나 생각하면 어이가 없다. 넷째, 치울 것 다 치우고 나면 사방이 새롭고 소중해진다. 흠집이 생겼거나 낡은 사물들조차 전혀 다른 얼굴로 환한 빛을 뿜는다. 쓸고 닦는 동안 마음이 가지런하고 환해져서 그렇다.

지난날 어리고 어리석은 나머지 우리가 더럽혀 놓은 것들을 한곳에 쌓아놓는다면 천하의 태산조차 높다고는 못 할 것이다. "하느님, 너무 먹어서 싸고 쏟고 어지럽혀 놓은 것들을 불쌍히 여기시고, 어머니가 기저귀를 빨듯 저희의 더러운 것을 없이 하여 주소서." 옛사람의 기도문이다. 어렸을 때는 탐貪, 젊었을 때는 치痴, 장년이 되면 진瞋이 문제라고 한다. 이 세 가지 삼독에 빠지면 살殺, 음淫, 도盜, 삼악을 저지를 수밖에 없다. 삼독과 삼악을 뽑아버리기 전에는 사람이라고 하기 어렵다. 우리 몸은 지수화풍이라고 하니 지地의 탐욕, 수水의 치정, 화火의 진예, 풍風의 거짓말을 없애버릴 각오를 분명히 해야 한다. 비로 쓸고 물로 닦고 불로 살라 흙 속에 묻어 장사 지낸다고 없어지지 않는다. 몸에서 나오는 삼독삼악과 거짓말, 욕지거리, 아첨, 허튼수작은 죽어서도 고스란히 남는다. 육신이야 남의 손에 맡겨 묻을 수 있지만 이 청소만은 각자가 알아서 해야 한다.

바로 이 지점에서 다 없앴는지, 덜 없앴는지 하는 문제가 나온다. 없애고 없애서 다 없도록 했다면 깨끗한 것이지만, 없애다가 그만두었다면 덜 없앤 것이므로 덜 없는 것, 더러운 것이다. 자고로 절대무絶代無라야 깨끗하고, 부분무部分無는 덜 없으니 더럽다. 유영모

일각에서 "적폐 청산 그만 좀 하자. 피곤하다"고 하는 모양이다.[*] 세월이 흐르고 나면 그것 또한 삶의 자취요 '터 무늬'가 되지 않겠는가 싶을 것이다. 미안하게도 새해 벽두의 여론 조사에 따르면 시민들의 대대적인 열망은 그렇지 않다. 이른바 '적폐 청산'의 목표가 그깟 미운 놈 몇몇을 손

---

[*] 2017년 12월 11일 자유한국당 김성태 원내 대표는 원내 대책 회의에서 이재수 전 기무사령관 사망 사건과 택시 기사 분신 사건 등을 언급하며 "더 이상 적폐 청산이라는 미명하에 정치 보복을 일삼지 마라"고 말한다.

봐주자는 게 아니요, 여기저기 파헤쳐서 창피를 주자는 것이 아님을 알기 때문이다. 아니 할 말로 다스가 누구의 것인지, 삼성이 왜 말을 사주고 사료 값을 댔는지 모르는 사람이 어디 있는가. 그런데도 곪고 썩은 자리를 일일이 찾아서 고름을 짜내려는 까닭은 사람 못살게 구는 악의 궤적을 낱낱이 밝혀내기 위함이며, 그래서 탐욕과 치정과 폭력의 시스템에 무한히 전력을 제공하던 발전소를 해체하려는 것이다. 그렇지 않으면 죄짓던 자들은 더 큰 죄를 모의할 테고, 천신만고 끝에 기사회생을 꿈꾸게 된 사람들은 죽음의 골짜기로 되돌아가야 한다.

모처럼 큰맘 먹고 시작한 대청소이니 '깨'버릴 것 깨고, '끝'낼 것 끝내서 깨끗하게 만들자. 하다가 말면 더 무서운 재앙을 부를 수 있다. 성경에 집안을 말끔히 치우고 정돈해 두었더니 떠나갔던 악령이 자기보다 더 악한 영 일곱을 데리고 돌아와 집주인의 인생을 망쳐놓았다는 이야기가 나온다.^{마태오복음 12, 43-45} 무엇이 문제였을까? 치우긴 치웠으나 채울 것을 채우지 못해서 벌어진 사달이었다.

이참에 '좋다'와 '나쁘다'에 대해서도 똑똑히 해두자. 어느 때 좋다 하고, 어느 때 나쁘다고 하는가. 없을 것이 없고, 있을 것이 있어야 좋은 것이다. 하나라도 없을 것이 있다거나 있을 것이 없다면 나쁜 것이다. 그러므로 없앨 것을 없애야 함은 물론이고, 있어야 할 것을 빠짐없이 갖추는 데까지 나아가야 한다. 그러자면 해는 짧고 길은 멀다. 고단한 일이지만 악조차 살려내야 하는 선의 운명이다.

새해 첫 주말, 진심으로 자기를 소중하게 여긴다면 안팎을 깨끗이 쓸고 닦자. 최선이 타락하면 최악이 되느니.

_2018. 1. 6.

전직 검찰국장의 세례

일파만파다. 세례는 본시 재앙의 불을 끄기 위한 물의 예식인데 초대형 화재를 일으키고 말았으니 이게 어찌 된 일인가. 그가 세례를 받지 않았더라면, 받더라도 변두리 작은 교회를 찾아가 회개의 무리 가운데 하나로서 조용히 죄를 씻었다면 이번 동티는 없었을지도 모른다. 그럴 생각은 없었을까. 만일 쌍방 과실이라면 신앙 초심자에게 마이크를 쥐여 주고 등을 떠민 교회 측에 더 큰 책임을 묻고 싶다.

파문의 장본인은 세례 직전 대략 이런 간증을 했다. "나를 깨끗하고 성실하게 살았는데 뜻하지 않은 일로 공직을 그만두게 되어 너무나 억울했다. 주변에서 위로하고 격려도 해주었으나 우리 가족은 극심한 고통에 날마다 괴롭게 지냈다. 교회에 나와 찬송과 기도, 성경 말씀을 읽는 중에 눈물이 쏟아졌다. 알지 못했던 중요한 가치를 발견했다. 하나님의 은혜로 이제 억울함과 분노, 불안은 사라지고 없다. 죄 많은 저에게 이처럼 큰 은혜를 경험하게 해주신 나의 주 예수 그리스도님께 감사와 찬양! 아멘"

그가 누군지, 그가 말하는 "뜻하지 않은 일"이 무엇인지 알았기 망정이지 하마터면 그의 뜨거운 눈물을 닦아줄 뻔했다. 그런데 그는 자신에 대한 비판과 참회는 쏙 빼놓고, 그저 "깨끗하고 성실했던 그래서 순탄했던" 출세 가도에 들이닥친 곤란을 내내 원망하다가 불쑥 주님의 은혜로 평안을 되찾았다고 한다. 그러면서도 향내 진동하는 초상집에서 그에게 당한 추행 때문에 8년이 지났지만 매일 밤 가슴을 쥐어뜯으며 잠을 이루지 못한다는 후배 검사의 괴로움*에 대해서는 기억이 나지 않는다며 술을 탓했다.

언제부터인지 세례가 가전제품처럼 샀다가 바꿔도 되고

---

* 2018년 1월 29일 서지현 검사는 방송에 출연해 8년 전 성추행 사건을 폭로한다. 당사자로 지목된 안태근 전 법무부 감찰국장은 간증을 통해 자신의 상황을 안타까워하고 온누리교회 담임 목사가 안태근이 "억울하게 사회적 위치를 잃었다"고 동조하면서 사회적 비난을 불러일으킨다. 그러나 1년 후 2019년 1월 23일 안태근은 성추행과 부당 인사를 행사한 혐의로 1심에서 징역 2년을 선고받고 법정 구속된다.

물러도 되는 흔해 빠진 물건처럼 돼버렸다. 함부로 청하고 마구 행하고 있다. 주는 쪽에서는 찌든 때를 감쪽같이 빼주는 세탁 능력을 과시하려 하며, 받는 쪽에서는 찜찜한 과거를 은혜로 툭툭 털어버리고 어제와 같은 내일을 누릴 도약의 발판으로 삼으려는 듯 보인다. 이는 세례를 모독하는 욕망의 거래일뿐 아무것도 아니다.

예수 사후 초세기에 세례는 위험천만한 행동이었다. 세례는 만민 속의 선민이 되고 구원이라는 특권을 누리려는 약삭빠른 줄서기가 결코 아니었다. 그것은 문득 황제를 '주님' 곧 '주인님'으로 받드는 노예의 삶을 부끄럽게 여기고, 이에 평민 예수를 주님으로 섬기려는 혁명적 결단이었다. 세례를 받고 그리스도인이 된 이들은 폭력과 지배를 단념하라는 새 주님의 엄명에 따라 군대와 전투를 거부하였고, 엄격한 성 윤리를 준수하며 정절을 고결한 기쁨으로 알았다. 억압과 갈취 대신 섬김과 나눔의 정신으로, 얼마든지 다르게 살 수 있으며 그게 훨씬 낫다는 점을 보여주려 애썼다. 그래서 일체의 지배 관계와 지배 구조를 부정하고, 강자가 아니라 약자의 종이 되어 모시고 살리고 키우는 삶

김인국 칼럼집

을 살아갔다.

물론 국가 권력이 가만있지 않았다. 악행을 미워하고 모든 생명을 애틋하게 바라보던 사람들을 일러 "패역한 마음과 무도한 행실로 임금을 능멸하고 국본을 위협하며 강상을 더럽히는 독종"[김훈]이라면서 국법의 이름으로 가두고 때리고 찌르고 지지고 죽였다. 지금은 아무렇게나 "은혜를 경험하게 해주신 나의 주 예수 그리스도님께 감사와 찬양을 올립니다. 아멘" 하고 외치지만 그랬다가 집안이 아주 거덜 났던 게 불과 이백 년 전의 일이었다.

조선의 대표적 인텔리, 정약용 선생의 집안을 보자. 1801년 신유박해 때 가문의 절반이 몰살, 남은 절반은 폐족이 되었다. 세례를 받은 천주교인이라는 이유만으로 그리됐다. 맏형 약현의 경우 처남 이벽이 죽고, 사위 황사영이 죽고, 딸 명련은 제주에 관노로 끌려갔다. 셋째 형 약종은 본인과 아내 그리고 철상, 정혜, 하상 등 자식 셋 다 목이 잘렸다. 자형이었던 최초의 세례자 이승훈도 같은 해에 서소문에서 사형을 당했다. 둘째 형 약전과 약용만 흑산도와 강진에 유배된 채 늙도록 외롭게 지냈고, 자손들은 숨 죽인 채 고달프게 살았다. 세례는 이런 참혹한 대가마저 즐거이 수락하는 일대 결단이며, 자기를 녹이고 자기를 태워 소금도 되고 빛도 되어야 하는 엄숙한 봉헌이다.

문제의 그날 그 자리에 있었던 법무부 장관은 "저놈이 나를 수행하는지, 내가 저놈을 수행하는지 모르겠다"는 아리송한 말을 했다고 한다. 교회가 세상을 변화시키는지, 아니면 세상이 교회를 변질시키는지 고민했던 적이 있었지만 지금은 너무나 분명해졌다. 나라다운 나라를 만드는 일에 걸림돌이 되어버린 한국 교회, 당분간 세례 주는 일도 받는 일도 멈추고 자신이 누구이며 도대체 믿는다는 게 어떤 것인지 깊은 생각에 잠겨보면 오죽 좋으랴만.

___2018. 2. 3.